Dr. Jaerock Lee

Gud
Helbrederen

[Gud] sa,
"Dersom du hører på Herren din Guds røst,
og gjør det som er rett i Hans øyne,
og gir akt på Hans bud, og holder alle Hans forskrifter,
da vil jeg ikke legge på deg noen av de sykdommer som jeg la på egypterne;
for jeg er Herren, din lege."
(Annen Mosebok 15:26)

Gud Helbrederen av Dr. Jaerock Lee
Utgitt av Urim Bøkene (Representant: Kyungtae Noh)
73, Yeouidaebang-ro 22-gil, Dongjak-gu, Seoul, Korea
www.urimbooks.com

Alle rettigheter forbeholdt. Denne boken og deler av den kan ikke bli kopiert i noen som helst form, oppbevart i et oppbevaringssystem, eller overført i noen som helst form eller på noen som helst måte, elektronisk, mekanisk, fotokopi, innspilt eller på noen annen måte uten skriftlig tillatelse fra forlaget.

Copyright © 2017 av Dr. Jaerock Lee
ISBN: 979-11-263-0287-1 03230
Oversettelses Copyright © 2010 av Dr. Esther K. Chung. Brukt ved tillatelse.

Tidligere utgitt i Korea i 1992 av Urim Bøkene i Seoul, Korea.

Først Utgitt i april 2017

Redigert av Dr. Geumsun Vin
Planlagt av Urim Bøkenes Redigerings Byrå
Utskrevet av Prione Trykkeri
For mer informasjon, henvend deg til: urimbook@hotmail.com

Et Budskap Vedrørende Utgivelsen

Ettersom de materialistiske godene blir forbedret og velstanden fortsetter å blomstre, ser vi idag at mennesker har mere tid og resurser ti overs. Det vil si, for å kunne leve bedre og mere komfortabelt, investerer mennesker mere tid og rikdom og legger merke til mange brukbare informasjoner. Men for menenskenes liv, alderdom, sykdom, og døden, som er under Guds makt, kan disse ikke bli styret med pengenes styrke eller kunnskap. I tillegg er det et ubestridelig faktum at uansett den høye sofistikerte medisinske vitenskapen som er fremstilt av menneskenes kunnskap og som har samlet seg opp gjennom årene, har antall pasienter som lider av uhelbredelige sykdommer hatt en stabil øking.

Gjennom verdens historie, har det vært mangfoldige mennesker med forskjellig tro og kunnskaper – medberegnet Buddha og Konfukius – men de var alle stille når de fikk dette spørsmålet og ingen av dem kunne unngå alderdommen, sykdommen, og døden. Dette spørsmålet er forbunnet til synden og utstedelsen menneskenes frelse sm ikke kan bli helbredet av menneskene. Det er idag mange hospitaler og apoteker, som er lett tilgjengelige og virker klare til å gjøre samfunnet vårt friskt og uten sykdom. Men allikevel er våre kropper og verden angrepet av mange sykdommer fra den vanlige influensa til sykdommer med uidentifisert oppstand og oppstammelse som det ikke er noen helbredelse for. Menneskene er hurtige med å legge skylden på klimaet og miljøet eller omgående se på det som et naturlig og fysiologisk fenomen, og å stole på medisin og den medisinske teknologien. For å kunne motta den fundmentale helbredelsen og leve et sunt liv, må hver og en av oss forstå hvor sykdommen har kommet fra og hvordan vi kan motta helbredelse. Det er alltid to sider til sannheten og evangeliet reservert for mennesker som ikke aksepterer dem, hvor det kommer forbannelse og straff, mens for mennesker som aksepterer dem vil få velsignelse, og et nytt liv vil vente på dem Det er Guds vilje for at sannheten skal bli gjemt for de som, akkurat som Fariseerne og lovens lærere, anser seg selv som kloke og kunnskapsrike; er det også Guds vilje at sannheten skal bli avslørt til de som er som barn, ønsker det, og åpner deres hjerter (Lukas' evangeliet 10:21).

Gud har veldig enkelt lovet velsignelse til de som adlyder og lever etter Hans befalinger, mens Han også har skrevet ned detaljer om forbannelsen og alle slags sykdommer som blir påført de som ikke adlyder Hans befalinger (Femte Mosebok 28:1-68).

Ved å minne de utroende, og til og med noen av de troende som overser det, på Guds Ord, vil et slikt arbeide føre slike mennesker den riktige veien til frihet fra sykdom og plage.

Like mye som du hører, leser, forstår, og gjør for Guds Ord, og ved den frelsende og helbredende Guds makt, må hver av dere motta helbredelse fra sykdommer og plager store og små, og må det alltid være sunnhet i deg og din familie, i vår Herres navn jeg ber!

Jaerock Lee

Innhold

Gud Helbrederen

Et Budskap Vedrørende Utgivelsen

1. Kapittel
Opprinnelsen av Sykdommen og Et Inblikk Inn i Helbredelsen   1

2. Kapittel
Vil Du Bli Frisk?   13

3. Kapittel
Gud Helbrederen   31

4. Kapittel
Ved Hans Pisking Blir Vi Helbredet   45

5. Kapittel
Makten til å Helbrede Skrøpeligheter   61

6. Kapittel
Måter å Helbrede de som er Besatte av Djevelen   75

7. Kapittel
Den Spedalske Na'amans Tro og Lydighet   93

1. Kapittel

Opprinnelsen av Sykdommen og Et Inblikk Inn i Helbredelsen

Men for dere som frykter mitt navn,
skal rettferdighetens sol gå opp med legedom under sine vinger;
og dere skal gå ut og hoppe som gjøkalver.

Profeten Malakias 4:2

1. En Grunleggende Årsak til Sykdom

På grunn av at mennesker ønsker å leve et lykkelig og sunt liv mens de lever her på jorden, vil de spise all slags mat som de vet er hjelpsom for helsen, og de legger merke til og søker etter hemmelige metoder. Uansett forbedringen av den materialistiske sivilisasjonen og den medisinske vitenskapen, er virkeligheten den at lidelsen av de uforbederlige og uhelbredelige sykdommene ikke kan ble avverget.

Kan menneskene ikke bli frie fra lidelse av sykdommer i løpet av deres tid her på jorden?

De fleste mennesker er hurtige med å legge skylden på klimaet og miljøet eller omgående ser på sykdommen som et naturlig eller fysiologisk fenomen, og stoler på medisin og den medisinske teknologien. Så fort opprinnelsene av alle plagene og sykdommene blir fastslått, kan dessuten alle bli kvitt dem.

Bibelen forærer oss med de fundamentale måtene hvor en kan leve et sunt liv uten noen plager, og hvis en er syk, måter en kan få helbredelse på.

[Gud] sa, "Dersom du hører på Herren din Guds røst, og gjør det som er rett i Hans øyne, og gir akt på Hans bud, og holder alle Hans forskrifter, da vil jeg ikke legge på deg noen av de sykdommer som jeg la på egypterne; for jeg er Herren, din lege" (Annen Mosebok 15:26).

Dette er Guds trofaste Ord, som kontrollerer menneskenes liv, død, forbannelse, og velsignelse, og som er gitt til oss personlig. Hva er så en sykdom, og hvorfor blir en smittet av den? I medisinske benevnelser, "sykdom" refererer til alle slags handikap på forskjellige steder i kroppen vår – en uvanlig eller unormal helsetilstand – og er spredd for det meste gjennom bakteria. Med andre ord, sykdom er en unormal kroppstilstand utløst av en sykdom som fremkaller gift eller bakteria.

I Annen Mosebok 9:8-9 er det en beskrivelse av en behandling hvor utslett med verkebyll ville bli brakt til Egypt:

> Da sa Herren til Moses og Aron: "Ta hendene fulle av aske fra ovnen, og Moses skal kaste den opp i været så Farao ser på det. Den skal bli til støv over hele Egyptens land, og den skal bli til bylder som bryter ut med blemmer, både på folk og fe i hele Egyptens land."

I Annen Mosebok 11:4-7, leser vi om at Gud skjelner mellom menenskene i Israel fra menneskene i Egypt. For Isralittene som forgudet Gud, ville det ikke bli noe som helst utslett, mens Egypterne som hverken forgudet Gud eller levde ifølge Hans vilje, ville deres førstefødte få utslett.

Gjennom Bibelen lærte vi at til og med sykdommer er under Guds høyeste makt, at Han beskytter de som akter Han fra sykdommen, og den sykdommen vil infiltrere de som synder fordi Han vil snu sitt ansikt vekk ifra slike individer.

Etter at vi har laget de beste forholdene for menneskene å leve i (Første Mosebok 1:3-25), skapte Gud menneskene i Hans eget bilde, velsignet dem, og tillot dem den beste friheten og myndigheten.

Ettersom tiden gikk, nøt menneskene fritt den velsignelsen som ble gitt av Gud ettersom de adlød Hans ønsker, og levde i Edens Have hvor det ikke var noen tårer, sorg, lidelse, og sykdom. Ettersom Gud så at alt Han laget var bare veldig godt (Første Mosebok 1:31), ga Han en befaling: *"Du må fritt ete av alle trær i haven; men treet til kunnskap om godt og ondt, det må du ikke ete av; for på den dag du eter av det, skal du visselig dø"* (Første Mosebok 2:16-17).

Men når den slue slangen så at menneskene ikke hadde holdt Guds befaling i deres sinn, men hadde istedenfor forsømmet det, lokket slangen Eva, konen til den første mannen som ble skapt. Når Adam og Eva spiste frukten fra treet med kunnskapen av det gode og det onde, og syndet (Første Mosebok 3:1-6) akkurat som Gud hadde advart dem, kom døden til menneskene (Paulus' brev til romerne 6:23).

Etter at de hadde begått synden med ulydighet og mottat syndens belønning sto nu menneskene ansikt til ansikt med døden. Ånden i mannen – hans herre – døde også, og samholdet mellom menneskene og Gud opphørte. De ble kastet ut av Edens Have og ble levende med tårer, sorg, lidelse, sykdom, og døden. Ettersom alt på bakken var forbannet, lagde den torner og tistler og bare etter deres eget hardt arbeide kunne de spise maten deres

(Første Mosebok 3:16-24). Den virkelige årsaken til sykdommen er den originale synden som er lagt frem av Adams ulydighet. Hvis Adam ikke hadde vært ulydig mot Gud, ville han ikke ha blitt drevet ut fra Edens Have, men ville ha ført et sunt liv hele tiden. Med andre ord, gjennom en mann har alle mennesker blitt syndere og har blitt boende i fare og lider av alle slags sykdommer. Uten å først løse problemet med synden, vil ingen bli gjort rettferdige i Guds øyne bare ved å overholde loven (Paulus' brev til romerne 3:20).

2. Rettferdighetens Sol med Legedom Under Sine Vinger

Profeten Malakias 4:2 forteller oss at, *"Men for dere som frykter mitt navn, skal rettferdighetens sol gå opp med legedom under sine vinger; og dere skal gå ut og hoppe som gjøkalver."* Her refererer "rettferdighetens sol" til Messias.

På menneskehetens vei til ødeleggelse og lidelse av sykdommer, tok Gud medlidenhet med oss og befridde oss fra alle syndene gjennom Jesus Kristus, ved å tillate Ham å bli korsfestet på et kors og la Han tape alt sitt blod. Derfor vil alle de som har akseptert Jesus Kristus, og som har motta tilgivelse for sine synder, og nådd frelse, bli frie fra sykdom og leve et sunt liv.

Ved alle tings forbannelse, måtte menneskene leve i fare av sykdommer så lenge han kunne puste, men ved Guds kjærlighet og ære, har det nå blitt åpnet en vei til frihet og vekk ifra sykdom.

Når Guds barn motstår synd helt til de blir blødende (Hebreerne 12:4) og lever etter Guds Ord, vil Han beskytte dem med Hans øyne som er akkurat som en voldsom flamme og beskytte dem med den glødende veggen til den Hellige Ånd slik at ingen gift i luften kan trenge seg inn i deres kropper. Selv om en blir syk, vil Gud brenne sykdommen og helbrede de påvirkede kroppsdelene, når han angrer og snur seg vekk ifra synden. Dette er legedom ved "solens rettferdighet."

Moderne medisin har skapt ultrafiolett stråling, som er mye brukt idag for å forhindre og helbrede mange sykdommer. De ultrafiolette strålingene er veldig effektive for å sterilisere og gi kjemiske forandringer i kroppen. Slik terapi kan ødelegge rundt 99% av kolibakterie, difteri, og dysenteri basill og er også effektiv for tuberkulose, rakitt, anemi, revmatisme, og hud sykdommer. En behandling som er så hjelpsom og mektig som den ultrafiolette strålingen, kan allikevel ikke bli brukt på alle sykdommene.

Bare "solens rettferdighet med legedom under sine vinger" som det er skrevet om i Bibelen er maktens utstråling som kan helbrede alle sykdommene. Strålene fra solens rettferdighet kan bli brukt til å helbrede alle slags sykdommer og fordi den kan bli gitt til alle mennesker, på samme måte som Gud helbreder, er den virkelig simpel men også fullstendig, og er i det hele tatt den beste.

Ikke lenge etter grunnleggelsen av min kirke, ble en pasient som var like ved å dø og som led av forferdelige smerter fra lammelse og kreft brakt til meg på en sykebåre. Han kunne ikke prate på grunn av at hans tunge hadde blitt stiv og han kunne ikke bevege sin kropp på grunn av at hele kroppen hans hadde blitt lammet. Siden legene hadde gitt opp, hadde pasientens kone, som hadde tro på Guds makt, overtalt hennes mann til å betro alt til Ham. Når han innså at den eneste måten han kunne beholde livet var å holde godt fast på og bønnfalle Gud, prøvde pasienten å be selv når han ble liggende og hans kone ba også iherdig med tro og kjærlighet. Når jeg så troen som de to hadde, ba også jeg iherdig for mannen. Ganske snart begynte den mannen som før hadde forført hans kone for at hun hadde trodd på Jesus, å angre ved å gi hele sitt hjerte, og Gud sendte ned strålene med helbredelse, brandt mannens kropp med ilden fra den Hellige Ånd, og renset hans kropp. Halleluja! Da den grunnleggende årsaken til sykdommen ble brent, kunne mannen snart begynne å spasere og springe, og han ble frisk igjen. Det er unødvendig å si at Manmin medlemmene ga ære til Gud og jublet når de erfarte dette vidunderlige arbeide fra Guds helbredelse.

3. For Deg Som Holder Mitt Navn i Ære

Vår Gud er en allmektig Gud som skapte alt i universet ved Hans Ord og skapte menneskene fra støvet. Siden en slik Gud har blitt vår Fader, selv om vi blir syke, når vi fullstendig stoler på Ham med vår tro, vil Han se og vedkjenne vår tro og lykkelig helbrede oss. Det er ikke noe galt med å bli helbredet på et sykehus, men Gud er henrykket over Hans barn som tror på Hans allvitenhet og allmakt, og som ivrig roper til Ham, mottar helbredelse, og gir ære til Ham.

I Annen Kongebok 20:1-11 er fortellingen om Hiskia, kongen av Judeas, som ble syk når Assyria angrep hans kongedømme, men mottok fullstendig helbredelse tre dager etter at han ba til Gud og hadde sitt liv forlenget med femten år. Gjennom Profeten Esaias, forteller Gud Hiskia å *"Beskikk ditt hus! For du skal dø og ikke leve lenger"* (Annen Kongebok 20:1; Profeten Esaias 38:1). Hiskia ble med andre ord gitt en dødsdom hvor han ble fortalt at han måtte gjøre seg klar for hans død og ordne med hans kongerikes og families saker. Men Hiskia snudde med en gang ansiktet sitt til veggen og ba til HERREN (Annen Kongebok 20:2). Kongen hadde innsett at sykdommen var et resultat av hans forhold til Gud, satte til side alt, og begynte å be.

Da Hiskia ba inntenst gråtende til Gud, forteller Han og lover Han kongen, *"jeg har hørt din bønn, jeg har sett dine tårer; se, jeg legger femten år til din alder. Og jeg vil redde deg og denne by av assyrerkongens hånd, og jeg vil verne denne by"* (Profeten Esaias 38:5-6). Vi kan også formode oss hvor ivrig og lidenskapelig Hiskia måtte ha bedt når Gud fortalte ham, "Jeg har hørt dine bønner og sett dine tårer."

Gud som svarte på Hiskias' bønn og helbredet kongen fullstendig slik at han kunne gå opp til Guds tempel på tre dager. Gud forlengte Hiskias liv med femten år og, i løpet av Hiskias resterende liv, holdt Han byen Jerusalem trygg fra Assyrias trussel. For Hiskia visste godt at forholdet med å levet eller dø var under Guds høyeste makt, og å be til Gud var derfor ytterst viktig for ham. Gud var lykkelig over Hiskias beskjedne hjerte og tro, lovet helbredelse til kongen, og når Hiskia søkte etter et tegn for hans helbredelse, lot Han til og med skyggen gå tilbake de ti stegene som de hadde gått ned trappen til Ahaz (Annen Kongebok 20:11). Vår Gud er helbredelsens Gud og en veldig omtenksom Fader som gir til de som søker.

På den annen side, finner vi i Annen Krønikebok 16:12-13 at *"I sin regjerings ni og trettiende år ble Asa syk i føttene. Hans sykdom ble verre og verre; men ennå i hans sykdom søkte han ikke HERREN, men bare legene. Så Asa la seg til hvile hos sine foreldre og døde i sin regjerings en og førtiende år."* Når han kom til tronen i begynnelsen, *"Asa gjorde hva rett var i HERRENS øyne, likesom hans far David hadde gjort"* (Første Kongebok 15:11). Han var først en klok hersker, men ettersom han gradvis mistet sin tro på Gud og begynte å stole mere og mere på menneskene, kunne kongen ikke motta Guds hjelp.

Når Baasha, Isralses konge, angrep Judeas, stolte Asa på Ben-Hadad, Arams konge, og ikke Gud. For dette ble Asa vanæret av den synske Hanani, men han snudde seg ikke vekk ifra hans handlemåter og fengslet istedenfor den synske og undertrykket hans eget folk (Annen Krønikebok 16:7-10).

Før Asa begynte å stole på Arams konge, blandet Gud seg med Arams hær slik at de ikke kunne trenge seg inn i Judeas. Fra tiden av når Asa stolte på kongen av Aram istedenfor Gud, kunne Judeas ikke lenger motta noen hjelp fra Ham. Han kunne heller ikke bli lykkelig med Asa som søkte etter hjelp ifra legene istedenfor Gud. Det var på grunn av dette at Asa bare døde to år etter at han hadde fått fotsykdommen. Selv om Asa tilsto sin tro på Gud, fordi han ikke demonstrerte det i handlingene sine og mislykkes i å rope på Gud, kunne ikke den allmektige kongen gjøre noe for kongen.

Strålen med helbredelse fra vår Gud kan helbrede all slags sykdommer slik at den lammede kan stå og spasere, den blinde kan se, den døve kan høre, og de døde kan komme tilbake til livet. Derfor, på grunn av at Gud Helbrederen har ubegrenset makt, er alvorligheten med en sykdom ikke viktig. Fra en sykdom som er like lite betydelig som en forkjølelse til en som er like kritisk som kreft, for Gud Helbrederen er alt det samme. Den viktigere grunnen er hva slags hjerte vi har når vi kommer opp til Gud: om det er likt det til Asa eller Hiskia.

Du kan akseptere Jesus Kristus, motta svaret til problemet med synden, bli rettferdig med troen, tilfredstille Gud med et barmhjertig hjerte og tro sammen med de samme gjerningene som Hiskia hadde, motta helbredelse til enhver og alle sykdommene, og alltid lede et sunt liv, i Herrens navn ber jeg!

2. Kapittel

Vil Du Bli Frisk?

En mann var der
som hadde vært syk i tretti-åtte år.
Da Jesus så ham ligge der,
og visste at han allerede hadde vært syk i lang tid,
sa Han til ham: "Vil du bli frisk?"

Johannes' evangeliet 5:5-6

1. Vil Du Bli Frisk?

Det er mange forskjellige slags mennesker som ikke før hadde hatt kjennskap til Gud, som nå oppsøkte Ham og sto foran Ham. Noen kommer til Ham ettersom de følger deres egen gode samvittighet mens andre kommer for å møte Ham etter å ha blitt forkynnet. Noen andre kommer for å finne Gud etter at de har erfart skeptisisme med livet gjennom mislykkede foretagende eller familie stridigheter. Og andre kommer til Ham med et inntrengende hjerte etter at de har lidd av forferdelig fysisk smerte eller frykten av døden.

Akkurat som den invalide som hadde lidd av smerter i trettiåtte år ved en dam som ble kalt Bethesda hadde gjort det, for å kunne helhjertet gi din sykdom til Gud og motta helbredelse, må en ha et ønske om å bli helbredet mere enn noe annet.

I Jerusalem i nærheten av den Gyldne Porten, var det en dam som i hebreisk ble kalt "Bethesda." Jeg var omringet av fem dekkede kolonnader hvor de blinde, de lamme, og de paralyserte kom sammen og la seg der fordi myten sier at fra tid til annen ville en av Guds engler komme ned og røre i vannet. Det var også trodd at den første som gikk inn i dammen etter hver gang vannet hadde blitt opprørt i dammen, som hadde navnet som betydde "Barmhjertighetens Hus," ville bli helbredet av alle deres sykdommer.

Når han ser den tretti åtte år gamle mannen liggende ved bassenget, og allerede vet hvor lenge han har ligget der og lidd spør Jesus ham, "Vil du bli frisk?" Mannen svarer, *"Herre, jeg* har ingen til å kaste meg ned i dammen når vannet blir opprørt; og i det samme jeg kommer, stiger en annen ned før meg" (Johannes' evangeliet 5:7). Gjennom dette tilstår mannen til Herren at selv om han virkelig ønsker helbredelse, kan han ikke komme til ham på egen hånd. Vår Herre så hjertet til mannen, og sa til ham, "*Stå opp, og ta tak i din båre og spaser,*" og mannen ble da med det samme helbredet: han tok fatt i hans matte og spaserte avgårde (Johannes' evangeliet 5:8).

2. Vi Må Akseptere Jesus Kristus

Når mannen som hadde vært lammet i tretti åtte år møtte Jesus Kristus, mottok han helbredelse øyeblikkelig. Når han begynte å tro på Jesus Kristus, årsaken til det sanne livet, ble mannen tilgitt alle hans synder og helbredet av hans sykdom.

Lider noen av dere store smerter av deres sykdom? Hvis du lider av sykdommer og ønsker å komme til Gud og motta helbredelse, må du først akseptere Jesus Kristus, bli Guds barn, og motta tilgivelse for å kunne flytte på noen som helste hindringer mellom deg selv og Gud. Du må så tro på at siden Gud er allvitende og allmektig, kan Han utføre alle mulige mirakler. Du må også tro på at vi har blitt frigitt alle våre sykdommer ved Jesus svøpelse, og så når du søker i Jesus Kristus navn vil du motta helbredelse.

Når vi ber med en slik tro, vil Gud høre vår bønn med tro og åpenbare helbredelsens arbeide. Samme hvor gammel eller hvor kritisk din sykdom vil være, vær sikker på å overgi alle dine problemer med sykdommen til Gud, og husk at du kan bli hel igjen øyeblikkelig når Guds makt helbreder deg.

Når paralytikeren som ble pratet om i Markus' evangeliet 2:3-12 først hørte at Jesus hadde kommet til Kapernaum, ville mannen gå til Ham. Når han hørte om at Jesus helbredet mennesker med forskjellige sykdommer, drev ut onde ånder, og helbredet spedalske, trodde paralytikeren at hvis han trodde kunne han motta helbredelse. Når paralytikeren innså at han ikke kunne komme nærmere Jesus på grunn av alle menneskene som hadde omringet Ham, gravde han seg gjennom taket på huset hvor Jesus oppholdt seg ved hjelp av sine venner, og matten som han lå på ble senket ned foran Jesus.

Kan du forestille deg hvor høyt et ønske det hadde vært for paralytikeren å komme seg til Jesus etter alt dette arbeide? Hvordan reagerte Jesus når paralytikeren, som ikke kunne dra fra sted til sted og som ikke var istand til å bevege seg rundt omkring på grunn av folkemengden, viste hans tro og hengivenhet ved hjelp av hans venner? Jesus straffet ikke paralytikeren på grunn av hans dårlige oppførsel men sa istedenfor til ham, "Sønn, dine synder er deg forlatt," og tillot ham å stå opp og spasere med det samme.

I Salomos ordspråk 8:17 forteller Gud oss, *"Jeg elsker de som elsker meg; Og de som intenst søker meg vil finne meg."* Hvis du vil bli fri fra sykdommens smerte, må du først virkelig ønske å bli helbredet, tro på Guds makt som kan løse problemet med sykdommer, og akseptere Jesus Kristus.

3. Du Må Ødelegge Syndens Vegg

Samme hvor mye du tror at du kan bli helbredet ved Guds makt, kan Han ikke arbeide for deg hvis det er en vegg med synd mellom deg og Gud.

Det er derfor at Gud sier i Esaias 1:15-17 *"Og når dere breder ut deres hender, skjuler jeg Mine øyne for dere; om dere enn ber meget, hører jeg ikke. Deres hender er fulle av blod. Vask dere, rens dere, ta deres onde gjerninger bort fra mine øyne. Hold opp å gjøre det som er ondt, lær å gjøre det gode, legg vinn på det som er rett, vis voldsmannen på rett vei, hjelp den farløse til hans rett, før enkens sak,"* og så i det følgende 18 verset lover Han, *"Kom og la oss gå i rette med hverandre. Om deres synder er som purpur, skal de bli hvite som sne; om de er røde som skarlagen, skal de bli som hvit ull."*

Vi finner også følgende i Esaias 59:1-3:

> *Se, Herrens hånd er ikke for kort til å frelse, og Hans øre er ikke for tunghørt til å høre. Men deres misgjerninger har gjort skilsmisse mellom dere og deres Gud, og deres synder har skjult Hans åsyn for dere, så Han ikke hører. For deres hender er flekket av blod, og deres fingrer av misgjerning; deres lepper taler løgn, deres tunge taler urett.*

Mennesker som ikke kjenner Gud og som ikke har akseptert

Jesus Kristus, og som har levet på deres egen måte er ikke klar over at de er syndere. Når mennesker aksepterer Jesus Kristus som deres Frelser og mottar den Hellige Ånd i gave, vil den Hellige Ånd dømme verdenen med skyldfølelse på grunn av synd og rettferdighet og dom, og de vil erkjenne og tilstå at de er syndere (Johannes' evangeliet 16:8-11).

Men på grunn av at det er forhold hvor mennesker ikke kjenner i detalje hva synd virkelig er, og som derfor ikke kan kaste vekk sin synd og ondskap og som får svar ifra Gud, må de først vite hva synd er i Hans øyne. For alle plagene og sykdommene kommer ifra synd, og bare når du ser tilbake på deg selv og ødelegger veggen med synd kan du erfare den hurtige helbredelsen.

La oss forske inn i hva Bibelen forteller oss at synd er og hvordan vi kan ødelegge veggen med synd.

1) Du må angre på at du ikke har trodd på Gud og akseptert Jesus Kristus.

Bibelen forteller oss at vår tvil på Gud og ved ikke å akseptere Jesus Kristus som vår Frelser blir dette betegnet som synd (Johannes' evangeliet 16:9). Mange troende sier at de leder gode liv, men disse menneskene kan ikke kjenne seg selv godt fordi de ikke kjenner til sannhetens Ord – Guds lys – og kan ikke se forskjell på hva som er galt og hva som er riktig.

Selv om en er sikker på at en har levet et godt liv, når hans liv speiler seg mot sannheten, som er Ordet til den almektige Gud som har skapt alt i universet og kontrollerer livet, døden, forbannelsen, og velsignelsen, vil det bli funnet mye urettferdighet og usannhet. Det er derfor Bibelen forteller oss at, *"Det finnes ikke en rettferdig, enn ikke en"* (Paulus' brev til romerne 3:10), og at *"Siden intet kjøtt blir rettferdiggjort for ham ved lov-gjerninger; for ved loven kommer syndens bekjennelse"* (Paulus' brev til romerne 3:20).

Når du aksepterer Jesus Kristus og blir et av Guds barn etter at du har angret for å ikke ha trodd på Gud og akseptert Jesus Kristus, den allmektige Gud vil bli din Fader, og du vil motta svar på hvilken som helst sykdom du har.

2) Du må angre på at du ikke har elsket dine brødre.

Bibelen forteller oss at *"Dere elskede! Har Gud elsket oss så, da er og vi skyldige å elske hverandre"* (Johannes' første brev 4:11). Det minner oss også på at vi må elske våre fiender (Matteus' evangeliet 5:44). Hvis vi hatet våre brødre, ville vi være ulydige mot Guds Ord, og derfor ville vi synde.

For Jesus demonstrerte Hans kjærlighet for menneskene som bodde i synd og ondskap ved å bli korsfestet på et kors, det er derfor bare forventet av oss at vi elsker våre foreldre, barn, og brødre og søstre. Det er ikke riktig i Guds øyne for oss å hate og ikke kunne tilgi på grunn av betydningsløse eller onde følelser og misforståelser mot hverandre.

I Matteus' evangeliet 18:23-35, gir Jesus oss denne lignelse:

Derfor er himlenes rike å ligne med en konge som ville holde regnskap med hans tjenere. Men da han

Vil Du Bli Frisk? • 21

begynte på oppgjøret, ble en ført frem for ham, som skyldte ti tusen talenter. Men da han ikke hadde noe å betale med, bød hans herre at han skulle selges, han og hans hustru og hans barn og alt det han hadde, og at der skulle betales. Da falt denne tjener ned for ham og sa: 'Vær langmodig med meg, så skal jeg betale deg alt sammen.' Da ynkedes denne tjeners herre inderlig over ham, og lot ham løs og ettergav ham gjelden. Men da denne tjener gikk ut, traff han en av sine medtjenere som skyldte ham hundre penninger, og han tok fatt på ham og holdt på å kvele ham og sa: 'Betal det du skylder.' Da falt hans medtjener ned og bad ham og sa: Vær langmodig med meg, så skal jeg betale deg! 'Men han ville ikke; han gikk bort og kastet ham i fengsel, til han betalte det han var skyldig. Men da hans medtjenere så hva som skjedde, ble de meget bedrøvet, og de kom og fortalte sin herre alt det som var skjedd. Da kalte hans herre ham for seg og sa til ham: Du onde tjener! All din gjeld etterga jeg deg, fordi du ba meg; burde ikke også du forbarme dig over din medtjener, likesom jeg forbarmet meg over deg?' Og hans herre ble vred, og overga ham til dem som piner, inntil han betalte alt det han var ham skyldig. Således skal også min himmelske Fader gjøre med dere om ikke enhver av dere av hjertet tilgir sin bror.

Selv om vi har mottat vår Gud faders tilgivelse og nåde, er vi ute av stand til og uvillige til å omfavne feilene og svakhetene til våre brødre, men istedenfor er han tilbøyelig til å vise rivalisering, få en fiende, avsky, og irritere hverandre? Gud forteller oss at *"Hver den som hater sin bror, er en manndraper, og dere vet at ingen manndraper har evig liv blivende i seg"* (Johannes' første brev 3:15), *"Således skal også min himmelske Fader gjøre med dere om ikke enhver av dere av hjertet tilgir sin bror"* (Matteus' evangeliet 18:35), og anbefaler oss ikke å *"Sukk ikke mot hverandre, brødre, forat dere ikke skal dømmes! Se, dommeren står for døren"* (Jakobs brev 5:9).

Vi må innse at hvis vi ikke hadde elsket men istedenfor hatet våre brødre, da ville vi også ha syndet og vi ville ikke blitt fyllt med den Hellige Ånd men blitt ulykkelig. Derfor selv om våre brødre hater og skuffer oss, burde vi ikke hate og svikte dem tilbake, men istedenfor vokte våre hjerter med sannheten, forståelsen, og tilgi dem. Våre hjerter kan ofre bønner med kjærlighet for slike brødre og søstre. Når vi forstår, tilgir, og elsker hverandre ved hjelp av den Hellige Ånd, vil også Gud vise oss Hans medlidenhet og barmhjertighet, og manifestere helbredelses arbeide.

3) Du må angre hvis du har bedt med grådighet.

Når Jesus helbredet en gutt som var besatt av en ånd, Hans disipler spurte Ham, *"Hvorfor kunne vi ikke drive den ut?"* (Markus' evangeliet 9:28) Jesus svarte, *"Dette slag kan ikke drives ut uten ved bønn og faste"* (Markus' evangeliet 9:29). For å kunne motta helbredelse til en spesiell grad, bønner og trygling må også bli ofret. Men bønner for egeninteresse vil ikke bli svart på fordi Gud ikke gleder seg over dem. Gud har befalt oss, *"Enten dere altså eter eller drikker, eller hva dere gjør, så gjør alt til Guds ære"* (Paulus' første brev til korintierne 10:31). Derfor må grunnen til våre undersøkelser og utrettede berømmelser eller makt bli for Guds ære. Vi finner i Jakobs brev 4:1-3, *"Er det ikke av deres lyster, som fører krig i deres lemmer. Dere attrør, og har ikke; dere slår ihjel og bærer avvind. Og kan ikke få; dere ligger i strid og ufred. Dere har ikke, fordi dere ikke beder. Dere beder og får ikke, fordi dere beder ille, for å øde det i deres lyster."*

Å spørre etter helbredelse for å kunne beholde et sunt liv er for Guds ære; du vil få et svar når du spør. Men hvis du ikke mottar helbredelse selv når du spør om det, er det på grunn av at du kanskje søker om noe som ikke er passende i sannheten selv om Gud vil gi deg bedre ting mange ganger over.

Av hva slags bønner vil Gud fryde seg over? Akkurat som Jesus i Matteus 6:33 forteller oss, *"Men søk først Guds rike og Hans rettferdighet, så skal dere få alt dette i tilgift,"* istedenfor *å bekymre seg over mat, klær, og liknende, må vi først tilfredtille Gud ved å ofre bønner for Hans kongerike og rettferdighet, og for evangeliseringen og frelsen."* Bare da vil Gud svare på ditt hjertes ønske og gi fullstendig helbredelse for din sykdom.

4) Du må angre hvis du hadde bedt med tvil.

Gud gleder seg over bønner som viser ens tro. Vi finner noe angående dette i Hebreerne 11:6, *"Men uten tro er det umulig å tekkes Gud; for den som treder frem for Gud, må tro at Han er til, og at Han lønner dem som søker Ham."* På samme måte, minner Jakobs brev 1:6-7 oss om, *"Men han bede i tro, uten å tvile; for den som tviler, ligner havsbølgen, som drives og kastes av vinden. For ikke må det menneske tro at han skal få noe av Herren."*

Bønner som er ofret i tvil tyder på ens tvil i den allmektige Gud, vanæring av Hans makt, og gjøre Ham til en ubrukelig Gud. Du må angre med en gang, ta etter troens forfedre, og be iherdig og ivrig for å ha troen som du kan bruke til å ha tro på ditt hjerte.

Mange ganger i Bibelen, finner vi ut at Jesus elsket de som hadde stor tro, valgte dem til sine arbeidere, og fullførte Hans prestetjeneste gjennom dem og med dem. Når mennesker ikke kunne vise deres tro, bebreidet Jesus til og med Hans disipler for deres lille tro (Matteus' evangeliet 8:23-27), men gratulerte og elsket de med stor tro, selv om de var Hedninger (Matteus' evangeliet 8:10).

Hvordan ber du og hva slags tro har du?

En centurion i Matteus' evangeliet 8:5-13 kom opp til Jesus og spurte Ham om å helbrede en av hans tjenere som lå lammet hjemme og med forferdelige lidelser. Når Jesus fortalte det til centurion, *"Jeg vil komme og helbrede ham,"* (v. 7) svarte centurion, *"Herre, jeg er for ringe til at du skal gå inn under mitt tak, men si bare et ord, så blir min dreng helbredet,"* (v. 8) og viste Jesus hans store tro. Når han hørte centurions bemerkning, var Jesus lykkelig og gratulerte ham. *"Jeg har ikke funnet en slik mektig tro med noen her i Israel"* (v. 10). Centurions tjenestemann var helbredet på akkurat dette tidspuktet.

I Markus' evangeliet 5:21-43 er det skrevet ned et tilfelle om et forbausende helbredende arbeide. Når Jesus var ved sjøen, kom en av synagogenes herrer med navnet Jairus opp til Ham og falt ned på føttene Hans. Jairus bønnfalt Jesus. *"Min lille datter er like ved å dø; venligst kom og legg din hånd på henne, slik at hun kan bli frisk og leve."*

Idet Jesus gikk til Jairus, kom det en kvinne opp til Ham som hadde blødd i tolv år. Hun hadde lidd ganske mye under varetekt av mange leger og hadde betalt alt det hun hadde, men istedenfor å bli bedre ble hun bare verre.

Kvinnen hadde hørt at Jesus var i nærheten og i midten av folkemengden som fulgte Jesus, kom hun opp til Han bakfra og tok på Hans kappe. For denne kvinnen trodde, *"Hvis jeg bare tar på Hans klesplagg, vil jeg bli frisk igjen,"* (v. 28) når kvinnen plaserte hennes hånd på Jesus kappe, ble hennes blod øyeblikkelig tørket opp; og hun følte i hennes kropp at hun ble helbredet av hennes lidelser. Øyeblikkelig snudde Jesus seg rundt, når Han merket at Hans makt plutselig hadde blitt brukt av noen, og sa, *"Hvem rørte ved mitt klesplagg?"* (v. 30) Når kvinnen tilsto sannheten, sa Jesus til kvinnen, *"Datter, din tro har gjort deg frisk; gå i fred og bli helbredet av din lidelse"* (v.

34). Han ga kvinnen frelse og likedannet helsens velsignelse. Akkurat da kom menneskene fra huset til Jairus og rapporterte, *"Din datter er død"* (v. 35). Jesus forsikret Jairus og fortalte ham, *"Ikke vær redd; bare behold troen,"* (v. 36) og fortsett til huset til Jairus. Der fortalte Jesus menneskene, *"Barnet er ikke død men sover,"* (v. 39) og sa til piken, *"'Talitha koum!' (som betyr "Lille pike, Jeg sier til deg, stå opp!")"* (v. 41). Piken sto opp med det samme og begynte å spasere.

Tro derfor på at når du ber i troen, kan selv en seriøs sykdom bli helbredet og de døde kan bli gjennopplivet. Hvis du hadde bedt med tvil helt til dette tidspunktet, motta helbredelse og bli sterk ved å angre på den synden.

5) Du må angre på at du ikke har vært lydig mot Guds befalinger.

I Johannes' evangeliet 14:21, forteller Jesus oss, *"Den som har Mine bud og holder dem, han er den som elsker meg; men den som elsker meg, skal elskes av Min Fader, og Jeg skal elske ham og åpenbare Meg for ham."* I Johannes' første brev 3:21-22 blir vi også minnet på, *"Dere elskede! Dersom vårt hjerte ikke fordømmer oss, da har vi frimodighet for Gud, og det vi ber om, det får vi av Ham; for vi holder Hans bud og gjør det som er Ham til behag."* En syndig person ville ikke være selvsikker foran Gud. Men hvis våre hjerter er hederlige og feilfrie når de måler seg opp mot sannhetens Ord, kan vi modig spørre Gud om alt mulig.

Du må derfor lære og forstå de Ti Budene når du tror på Gud, som virker som et sammendrag av de seksti-seks bøkene i Bibelen, og oppdage hvor mye av ditt liv som har vært ulydig i forhold til dem.

I. Har jeg noen gang hatt noen annen gud før Gud?

II. Har jeg noen gang forgudet noen av mine eiendeler, barn, helse, firma, og lignende og tilbedt dem?

III. Har jeg noen gang misbrukt Guds navn?

IV. Har jeg alltid holdt Helligdagene hellig?

V. Har jeg alltid hedret mine foreldre?

VI. Har jeg noen gang begått fysisk mord eller åndelig mord ved å hate mine brødre og søstre eller vært årsak til at de synder?

VII. Har jeg noen gang begått utroskap, selv i mitt hjerte?

VIII. Har jeg noen gang stjålet?

IX. Har jeg noen gang gitt gal vitne til mine naboer?

X. Har jeg noen gang hatt ønske om å ha mine naboers eiendeler?

I tillegg må du også se tilbake og se om du har holdt Guds bud ved å elske dine naboer like mye som deg selv. Når du adlyder Guds budskap og ber til Ham, vil Guds makt helbrede hvilken som helst og alle sykdommer.

6) Du må angre på at du ikke har sådd din tro i Gud.
Siden Gud kontrollerer alt i universet, har Han etablert noen lover for den åndelige verden, og som en rettferdig dommer leder og forvalter Han alle ting deretter.

I Daniel 6, ble Kong Darius satt i en vanskelig situasjon hvor han ikke kunne redde hans elskede tjener Daniel fra hulen med løvene, selv om han var kongen. Siden han hadde satt et påbud med hans egen underskrift, kunne Darius ikke gå mot loven som han selv hadde opprettet. Hvis kongen var den første til å tøye reglene og sette seg opp mot loven, hvem ville så ta hensyn til eller tjene ham? Det var på grunn av dette at, selv om hans elskede tjener var like ved å bli kastet inn til hulen med løvene på grunn av noen onde menns planer, at Darius ikke kunne gjøre noe.

Men samtidig som Gud ikke bøyer tøylene og er ulydig mot loven som Han selv har laget, er alt i universet drevet i en spesiell orden under Hans høyeste makt. Det er derfor, *"Far ikke vill! Gud lar seg ikke spotte; for det som et menneske sår, det skal han også høste"* (Paulus' brev til galaterne 6:7).

Så mye som du gir i bønner, vil du motta svar på og gro åndelig, og ditt indre vil bli styrket, og din ånd vil bli fornyet. Hvis du hadde vært syk eller hadde hatt smerter men nå gir din tid med kjærlighet til Gud ved å delta iherdig i alle gudstjenestene, vil du motta velsignelsen med sunn helse og tydelig føle din kropp forandre seg. Hvis du gir rikdom til Gud, vil Han beskytte og verne deg fra prøver og også gi deg velsignelse med større rikdom.

Ved å forså hvor viktig det er å gi til Gud, når du kaster vekk håp om at denne verden vil forfalle og forsvinne men istedenfor begynner å samle sammen dine belønninger for himmelrike med en sann tro, vil den allmektige Gud lede deg til et sunt liv hele tiden.

Med Gud Ord, har vi opp til nå utforsket om hva som ble en vegg mellom Gud og mennesker, og hvorfor vi har blitt boende i sykdomens smerter. Hvis du ikke hadde trodd på Gud og led av sykdommer, aksepter Jesus som din Frelser og start med et liv i Kristus. Frykt ikke de som kan drepe kjøttet. Ved å frykte Den som kan fordømme kjøttet og ånden til helvete, hold istedenfor vakt over din tro i frelsens Gud fra forfølgelse av dine foreldre, søsken, ektefelle, svigerforeldre, og resten av dem. Når Gud erkjenner din tro, vil Han arbeide og du kan motta helbredelsens ære.

Hvis du er en troende, men lider av en sykdom, se tilbake på deg selv for å se om det er noen igjen av ondskapen, som hat, sjalusi, misunnelse, urettferdighet, lort, grådighet, onde hensikter, mord, uoverenstemmelse, sladring, stolthet, og lignende. Ved å be til Gud og motta tilgivelse med Hans medlidenhet og nåde, motta alle svarene på problemene med din sykdom.

Mange mennesker forsøker å forhandle med Gud. De sier at hvis Gud helbreder deres sykdommer og plager først, vil de tro på Jesus og følge Ham godt. Men på grunn av at Gud godt kjenner hvert menneskes indre hjerte, vil Han bare helbrede hver av dem fra deres fysiske sykdom etter at Han har renset dem åndelig.

Ved å forstå at tankene til menneskene og tankene til Gud er forskjellig, må du først adlyde Guds vilje slik at din ånd vil komme godt overens når du mottar helbredende velsignelser for din sykdom, i Herrens navn jeg ber!

3. Kapittel

Gud Helbrederen

Dersom du hører på HERREN din Guds røst,
og gjør det som er rett i Hans øyne,
og gir akt på Hans bud, og holder alle Hans forskrifter,
da vil jeg ikke legge på deg noen
av de sykdommer som jeg la på egypterne;
for jeg er Herren, din lege.

Annen Mosebok 15:26

1. Hvorfor blir menneskene syke?

Selv om Gud Helbrederen vil at alle Hans barn skal være friske, lider mange av dem fra smertene av sykdom, ute av stand til å løse problemet av sykdommen. Akkurat som det er en årsak til hvert resultat, er det også en årsak for hver sykdom. Alle sykdommer kan bli hurtig helbredet så fort en finner årsaken til den, alle de som ønsker å motta helbredelse må først finne årsaken til deres sykdommer. Med Guds Ord fra Annen Mosebok 15:26, skal vi forske inn i årsaken til sykdommen, og måten vi kan bli satt fri fra sykdommen og leve sunne liv.

"Herren" er et navn som er gitt til Gud, og det står for "JEG ER DEN JEG ER" (Annen Mosebok 3:14). Navnene indikerer også at alle de andre menneskene er utsatt for makten til den Mest Ærede Gud. Fra måten Gud henviste Seg Selv på som "HERREN, han som helbreder deg" (Annen Mosebok 15:26), lærer vi om Guds kjærlighet som frir oss fra de fryktelige smertene fra sykdom og gir oss Guds makt som helbreder sykdommen.

I Annen Mosebok 15:26, lover Gud oss, *"Dersom du hører på Herren din Guds røst, og gjør det som er rett i Hans øyne, og gir akt på Hans bud, og holder alle Hans forskrifter, da vil jeg ikke legge på deg noen av de sykdommer som jeg la på egypterne; for jeg er Herren, din lege."* Hvis du derfor har blitt syk, er det som bevis på at du ikke har forsiktig hørt på Hans stemme, og ikke ha gjort det som er riktig i Hans øyne, og ikke har lagt merke til Hans budskap.

For Guds barn er himmelens statsborgere, og de må overholde

himmelens lover. Men hvis himmelens innbyggere ikke overholder dens lover, kan ikke Gud beskytte dem fordi synd er ulovlig (Johannes første brev 3:4). Da vil makten av sykdommen spre seg, legge igjen Guds ulydige barn under sykdommens forferdelige smerter.

La oss forske i detaljer hvordan vi kan bli syke, årsaken til sykdommer, og hvordan makten til Gud Helbrederen kan helbrede oss som lider av sykdommen.

2. Et Eksempel på Hvordan En Kan Bli Syk på Grunn av Hans Synd

Gjennom Bibelen, forteller Gud oss igjen og igjen at grunnen til sykdom er synd. Johannes' evangeliet 5:14 sier, *"Siden traff Jesus ham i tempelet og sa til ham: 'Se, du er blitt frisk; synd ikke mere, forat ikke noe verre skal vederfares deg!'"* Dette verset minner oss om at hvis vi skulle synde, kunne han bli syk med en sykdom som var verre enn han hadde hatt før, og at også ved å synde vil mennesker bli syke.

I Femte Mosebok 7:12-15, lover Gud oss at *"Når dere nå hører disse bud og tar vare på dem og holder dem, da skal Herren din Gud holde fast ved den pakt og den miskunnhet han har tilsvoret dine fedre. Han skal elske deg og velsigne deg og øke din ætt, og han skal velsigne ditt livs frukt og ditt lands frukt, ditt korn og din most og din olje, det som faller av ditt storfe, og det som fødes av ditt småfe, i det land han har tilsvoret dine fedre å ville gi deg. Velsignet skal du være fremfor alle andre folk; der skal ingne ufruktbar være blandt dine menn eller dine kvinner, og heller ikke blandt ditt fe. Herren skal holde all sykdom borte ifra deg, og ingen av Egyptens onde syker, som du kjenner, skal Han legge på deg, men Han skal legge dem på alle dem som hater deg."* I de som hater er det synd og ondskap, og slike individer vil bli syke.

I Femte Mosebok 28, vanligvis kjent som "Kapittelet med Velsignelse," forteller Gud oss om velsignelsene som vi vil motta når vi fullstendig adlyder vår Gud og forsiktig følger Hans budskap. Han forteller oss også om hva slags forbannelse som vi vil få og som vil overvelde oss hvis vi ikke forsiktig følger alle Hans budskap og bestemmelser.

Spesielt omtalt i detaljer er den type sykdom som vi vil bli utsatt for hvis vi ikke adlyder Gud. De er pest; tærende sykdom; feber; betennelse; brennende varme og tørke; fordervelse og mugg; "Egyptenes byller...svulster; betent sår; og kløen, som du ikke kan få helbredelse fra"; galskap; blindhet; sinnsforvirring uten noen som kan redde en; og smerter i knærne og bena med smertefulle byller som ikke kan bli helbredet, som sprer seg fra sålen på føttene til toppen av hodet (Den Femte Mosebok 28:21-35).

Ved å riktg forstå at årsaken til sykdommen er synden, hvis du har blitt syk må du først angre ved å ikke ha levet etter Guds Budskap og motta tilgivelse. Når du mottar helbredelse ved å leve i forhold til Budskapet, må du aldri mere synde.

3. Et Tilfelle Hvor En Blir Syk Selv Om Han Ikke Tror At Han Har Syndet

Noen mennesker sier at selv om de ikke har syndet, har de fremdeles blitt syke. Men Guds Ord sier at hvis vi har gjort det som er riktig i Guds Øyne, hvis vi legger merke til Hans Budskap og holder ved all Hans vilje, da ville ikke Gud gi oss noen sykdommer. Hvis vi har blitt syke, må vi erkjenne at vi ikke hele tiden hadde gjort hva som var riktig i Hans øyne og ikke holdt Hans budskap.

Hva er så synden som forårsaker sykdommer?

Hvis en brukte den friske kroppen som Gud hadde gitt ham uten selvbeherskelse eller umoralskhet, ikke adlød Hans budskap, begikk feil, eller levde et uorganisert liv, ville han sette seg selv opp med høyere risiko til å bli syk. Til denne kategorien med sykdom tilhører det også en gastroenteritt sykdom som kommer av overflødig eller en uregelmessig spisevane, en leversykdom fra å stadig røke og drikke, og mange andre slags sykdommer fra å ha overarbeidet ens kropp.

Dette har kanskje ikke vært en synd fra menneskenes synspunkt, men i Guds øyne er det en synd. Usedvanlig mye spising er en synd på grunn av at det viser ens grådighet og maktesløshet med selvbeherskelse. Hvis en har blitt syk på grunn av uregelmessig spise vaner, er hans synd å ikke ha levet et liv i rutine eller ikke holdt hans måltider, men å ha mishandlet hans kropp uten selvbeherskelse. Hvis en har blitt syk etter en har spist mat som ikke var helt ferdig kokt, er hans synd utålmodighet – å ikke ha gjort noe ifølge sannheten.

Hvis en har brukt en kniv uten forsiktighet og har skjært seg, og såret blir betent, er dette også resultatet av hans synd. Hvis han virkelig elsket Gud, ville han ha beskyttet personen hele tiden fra ulykker. Selv om han begikk en feil, ville Gud ha gitt dem en vei ut, og fordi Han arbeider best for de menneskene som elsker Ham, ville ikke kroppen ha fått arr. Sår og skader ville ha blitt forårsaket fordi han hadde handlet forhastende og ikke på en moralsk riktig måte, som begge ikke var rettferdige i Guds øyne, og derfor ville hans gjerninger være syndige.

Den samme regelen gjelder for røyking og drikking. Hvis en er klar over at røyking svekker hans sinn, ødelegger hans bronkier, og forårsaker kreft, men kan fremdeles ikke stoppe, og hvis en er klar over at giftigheten i alkoholen ødelegger hans tarmer og svekker hans kroppsorganer, men kan fremdeles ikke slutter, er disse syndige handlinger. Det viser hans maktesløshet med å kontrollere seg selv og hans grådighet, hans mangel på kjærlighet for hans kropp, og at han ikke har fulgt Guds vilje. Hvordan kunne disse ikke bli syndige?

Selv om vi ikke hadde vært helt klar over om alle sykdommer var forårsaket av synden, kan vi nå være sikre på det etter at vi har undersøkt mange forskjellige saker og målt dem opp mot Guds Ord. Vi må alltid adlyde og leve ifølge Hans Budskap slik at vi kan holde oss vekk ifra sykdommen. Med andre ord, når vi gjør det som er riktig i Hans øyne, legger merke til Hans budskap, og holder ved alle Hans regler, vil vi beskytte oss og verne oss fra sykdommer hele tiden.

4. Sykdommer som Blir Forårsaket av Andre Åndssvakheter

Statistikken forteller oss at antall mennesker som lider av nevrose og andre åndssvakheter er økende. Hvis mennesker er tålmodige som Guds Ord ber oss om, og hvis de tilgir, elsker, og forstår ifølge sannheten, kan de lett bli satt fri fra slike sykdommer. Men det er fremdeles ondskap i deres hjerter og de onde nekter dem å leve etter Budskapet. Den psykiske pinen ødelegger andre kroppsdeler og immunsystemet, og vil til slutt føre til sykdom. Når vi lever ifølge Budskapet, vil våre følelser ikke bli opprørte, vi vil ikke bli sinte, og våre sinn vi ikke bli opphissede.

Det er de rundt oss som ikke virker onde men gode, men som allikevel lider av slike sykdommer. For de behersker seg fra til og med vanlige uttrykk med følelser, de lider av en verre sykdom enn de som uttrykker deres sinne og raseri. Godhet i sannheten er ikke lidelsen av konflikten mellom de forskjellige følelsene; det er heller forståelsen av hverandre i tilgivelse og kjærlighet og å finne trøst i selvbeherskelse og utholdenhet.

I tillegg, når mennesker med vilje begår synder, blir det til at de vil lide av åndsvakhet fra psykisk lidelse og ødeleggelse. For de handler ikke i godhet, men faller dypere inn i ondskapen, deres psykiske lidelse vil bli til en sykdom. Vi må vite at nevrose og andre åndssvakheter er selvforskyldte, ved at de blir forårsaket av våre egne dumme og onde måter. Til og med i en slik sak, vil den kjærlige Gud helbrede alle de som søker etter Ham og som også ønsker å motta Hans helbredelse. Han vil også gi dem håp om himmelrike og tillate dem å bo i en sann lykke og velstand.

5. Sykdommer fra fienden djevelen kommer også på grunn a synder

Noen mennesker har blitt besatt av Satan og lider av alle sykdommene som fienden djevelen gir dem. Dette er på grunn av at de har sviktet Guds vilje og gått vekk ifra sannheten. Grunnen for at mange mennesker er syke, funksjonshemmet, og djevel besatte i familier som har forgudet idoler ekstremt, er på grunn av at Gud hater idol dyrking.

I Annen Mosebok 20:5-6 finner vi, *"Du skal ikke tilbede dem og ikke tjene dem; for jeg, Herren din Gud, er en nidkjær Gud, som hjemsøker fedres misgjerninger på barn inntil tredje og fjerde ledd, på dem som hater Meg, og som gjør miskunnhet mot tusen ledd, mot dem som elsker Meg og holder Mine bud."* Han ga oss et spesielt budskap, forby oss å tilbe idoler. Fra de Ti Budskapene som Han ga oss, ved de to første Budskapene – *"Du skal ikke ha andre Guder foruten Meg"* (v. 3) og *"Du skal ikke gjøre deg noe utskåret billede eller noen avbildning om det som er oppe i himmelen, eller av det som er nede på jorden, eller om det som er i vannet nedenfor jorden"* (v. 4) – vi kan veldig lett se hvor mye Gud hater idol tilbedelse. Hvis foreldre ikke adlyder Guds vilje og tilber idoler, vil deres barn helt naturlig følge deres ledelse. Hvis foreldre ikke adlyder Guds Ord og er onde, vil deres barn også naturlig følge deres ledelse og også gjøre onde ting. Når synden av ulydighet når den tredje eller fjerde generasjonen, som en belønning av synden, vil deres etterfølgere lide av sykdommer som fienden djevelen påfører dem.

Selv om foreldre hadde tilbedt idoler, men hvis deres barn, fra innerst inne i deres hjerter, tilber Gud, vil Han vise Hans kjærlighet og barmhjertighet og velsigne dem. Selv om mennesker nå for tiden lider av fienden djevelens påførte sykdommer etter at de hadde sviktet Guds vilje og gått vekk ifra sannheten, når de angrer og snur seg vekk ifra synden, vil Gud Helbrederen rense dem. Noen vil Han helbrede med det samme; andre vil Han helbrede litt senere; og fremdeles andre vil Han helbrede ifølge hvor mye troen deres har vokst. Helbredelsens arbeide vil finne sted ifølge Guds vilje: hvis mennesker har uforandrede hjerter i Hans øyne, vil de bli helbredet øyeblikkelig; men hvis deres hjerter er slue, vil de bli helbredet senere.

6. Vi vil bli frie fra sykdommen når vi lever i troen

For Moses var mere beskjeden enn noen annen her på denne jorden (Fjerde Mosebok 12:3) og var trofast i alle Guds hus, og han ble sett på som en troverdig tjener til Gud (Fjerde Mosebok

12:7). Bibelen forteller oss også at når Moses døde ved alderen et hundre og tjue, var hverken hans syn svakt eller hans styrke borte (Femte Mosebok 34:7). For Abraham var en hel mann som adlød i troen og æret Gud. Han levde til han var 175 år gammel (Første Mosebok 25:7). Daniel var frisk selv om han bare spiste grønnsaker (Profeten Daniel 1:12-16), mens Døperen Johannes var robust selv om han bare spiste markgresshopper og vill honning (Matteus' evangeliet 3:4).

En vil kanskje undre på hvordan mennesker ville holde seg friske uten å spise kjøtt. Men når Gud først skapte menneske, ba Gud han om å bare spise frukt. I Første Mosebok 2:16-17 forteller Gud mannen, *"Du må fritt ete av alle trær i haven; men treet til kunnskap om godt og ondt, det må du ikke ete av; for på den dag du eter av det, skal du visselig dø."* Etter Adams ulydighet, hadde Gud ham bare spise plantene fra åkeren (Første Mosebok 3:18), og ettersom syndene fortsatte med å vokse her i verden, etter Dommen med Floden, fortalte Gud Noah i Første Mosebok 9:3, *"Alt det som rører seg og lever, skal dere ha til føde; likesom jeg ga dere de grønne urter, gir jeg dere alt dette."* Ettersom menneskene blir mere og mere onde, tillot Gud dem å spise kjøtt, men ingen "avskyelig" mat (Tredje Mosebok 11; Femte Mosebok 14).

I det Nye Testamentets tider, fortalte Gud oss i Apostelens gjerninger 15:29, *"At dere avholder dere fra avgudsoffer og blod og det som er kvalt, og hor; dersom dere vokter dere for disse ting, vil det gå dere vel."* Han tillot oss å spise mat som er sunt for vår helse og rådet oss å holde oss vekk ifra mat som er skadelig for oss; det ville bli bare mere fordelaktig for oss å ikke spise eller drikke noe mat som Gud ikke er tilfreds med. Like mye som vi følger Guds vilje og lever i troen, vil våre kropper bli sterkere, sykdommer vil forlate oss, og vi vil ikke få noen andre sykdommer.

Det vil si, vi vil ikke bli syke når vi lever i rettferdigheten med troen fordi to tusen år tilbake kom Jesus Kristus inn til denne verdenen og bærte alle våre tunge byrder. Ettersom vi tror på at når Han blødde reddet Jesus oss fra våre synder, og ved Hans pisking og når Han tok hånd om våre skrøpeligheter (Matteus' evangeliet 8:17) blir vi helbredet, vil dette bli gjort ifølge vår tro (Esaias 53:5-6; Peters Første brev 2:24).

Før vi møtte Gud hadde vi ingen tro. Vi bodde i forfølgelse av våre syndige naturs ønske og led av forskjellige sykdommer på grunn av vår synd. Når vi lever i troen og gjør alt med rettferdighet, vil vi bli velsignet med fysisk helse.

Ettersom sinnet er friskt, vil også kroppen bli frisk. Ettersom vi lever i rettferdighet og handler ifølge Guds Ord, vil våre kropper bli fylt med den Hellige Ånd. Sykdommer vil forlate oss og når våre kropper mottar fysisk sunnhet, vil ikke noen sykdom kunne trenge seg inn i oss. For våre kropper vil bli fredelige, føle seg lette, lykkelige, og friske, vi vil ikke ha mangel, men bare bli takknemlige for at Gud gir oss god helse.

Må du handle i rettferdighet og i troen slik at din ånd vil klare seg godt, du vil bli helbredet fra alle dine sykdommer og skrøpeligheter, og motta frisk helse! Må du også motta Guds overveldende kjærlighet ettersom du adlyder og lever etter Hans Ord – alt dette i Herrens navn jeg ber!

4. Kapittel

Ved Hans Pisking Blir Vi Helbredet

Sannelig,
våre sykdommer har han tatt på seg,
og våre piner har han båret; men vi aktet ham for plaget,
slått av Gud og gjort elendig.
Men Han er såret for våre overtredelser,
knust for våre misgjerninger; straffen lå på ham,
forat vi skulle ha fred,
og ved hans sår har vi fått legedom.

Esaias 53:4-5

1. Jesus Som Var Guds Sønn Helbredet Alle Sykdommene

Ettersom mennesker navigerer retningen av deres egne liv, støter de på mange forskjellige problemer. Akkurat som sjøen ikke alltid er stille, er det på sjøens liv mange problemer som kommer fra hjemmet, arbeidet, sykdom, rikdom, og lignende. Det ville ikke være en overdrivelse å si at blandt disse problemene i livet, er sykdom den mest betydningsfulle.

Samme hvor mye rikdom og kunnskap et menneske må ha, hvis han får en kritisk sykdom vil alt som han har jobbet for i hele hans liv bli til ikke mere enn en boble. På den annen side finner vi ut at ettersom den materialistiske sivilisasjonen avanseres og rikdommen øker, vil også menneskets ønske om sunn helse også øke. På den annen side, samme hvor langt vekk vitenskapen og medisinen har utviklet seg, vil det oppnå nye og sjeldne sykdommer – hvor menneskenes kunnskap er nytteløst – og antall mennesker som lider av det øker sakte men sikkert. Kanskje det er på grunn av at det idag legges større vekt på helsen.

Lidelse, sykdom, og død – kommer alle fra synder – og representerer menneskenes grense. Akkurat som Han hadde gjort i det Gamle Testamentets tider, presenterer Gud Helbrederen idag hvordan mennesker som tror på Ham kan bli helbredet av alle sykdommene, av deres tro i Jesus Kristus. La oss undersøke Bibelen og se hvorfor vi mottar svar på sykdommenes problemer og lever et sunt liv på grunn av vår tro på Jesus Kristus.

Når Jesus spurte Hans disipler, "Hvem sier du at jeg er?"

Simon Peter svarte, "Du er Kristus, Sønnen til den levende Gud" (Matteus 16:15-16). Dette svaret virker ganske simpelt, men det avslører også ganske enkelt at bare Jesus er Kristus. I løpet av Hans tid, fulgte en stor mengde Jesus på grunn av at Han helbredet menneskene som var syke med det samme. De inkluderte de demon besatte, epileptiker, paralytiker, og andre som lider av forskjellige sykdommer. Når de spedalske, mennesker med feber, invalide, de blinde, og resten av dem ble hebredet så fort de rørte på Jesus, begynte de å følge og tjene Ham. Hvor vidunderlig ville ikke dette synet ha vært? Når de var vitne til slike mirakler og under, trodde og aksepterte menneskene Jesus, mottok de svar på livets problemer, og de syke erfarte helbredelsens arbeide. Akkurat som Jesus helbredet menneskene i Hans tid, vil alle som kommer til Jesus idag også motta helbredelse.

En mann som ikke var veldig forskjellig fra en invalid kom til en av Fredagenes Overnatings Gudstjenester etter at min kirke hadde blitt grunnlagt. Etter en bilulykke, hadde mannen mottat terapi i lang tid på et hospital. Men på grunn av at senene i kneet hans hadde bitt forlenget, kunne han ikke lenger bøye kneet og siden han ikke kunne røre på hans ledd, var det umulig for ham å gå. Ettersom han hørte på at Budskapet ble forkynnet, lengtet han etter å akseptere Jesus Kristus og bli helbredet. Når jeg ba intenst for mannen, stod han opp med det samme og begynte å spasere og springe. Akkurat som en invalid mann i nærheten av en tempel port som ble kalt Vakker hoppet opp på føttene og begynte å spasere etter Peters bønner (Apostelens gjerninger 3:1-10), ble et mirakuløs arbeide ifra Gud så åpenbart.

Dette gir et bevis på at samme hvem som tror på Jesus Kristus og mottar tilgivelse i Hans navn kan bli fullstendig helbredet av alle hans sykdommer – selv om de ikke kunne bli helbredet av medisinsk vitenskap – mens hans kropp blir fornyet og helbredet. Gud som var den samme igår som han er idag og i all evighet (Brevet til Hebreerne 13:8) virker på mennesker som tror på Hans Budskap og som søker ifølge hvor mye tro de har. Han helbreder forskjellige sykdommer, åpner øynene til de blinde, og lar den invalide stå opp.

Alle som har akseptert Jesus Kristus, som har blitt tilgitt alle deres synder, og som har blitt et av Guds barn, må nå leve et liv i frihet.

La oss nå undersøke i detaljer hvorfor hver og en av oss kan leve et sunt liv når vi begynner å tro på Jesus Kristus.

2. Jesus ble Pisket og Begynte Derfor å Blø

Før Hans korsfestelse, ble Jesus pisket av de romerske soldatene og mistet blodet sitt i retten til Pontius Pilatus. De romerske soldatene på Hans tid var veldig robuste og sunne, forferdelig sterke, og veldig godt oppdratt. De var tross alt soldatene til et rike som styrte verden på den tiden. De forferdelige smertene som Jesus hadde når de sterke soldatene avkledde og prylte Ham kan ikke helt bli beskrevet med ord. Ved hver pisking omfanget pisken Jesus kropp og nappet vekk Hans hud og blodet begynte å dryppe fra Hans kropp.

Hvorfor måtte Jesus, som er Guds sønn og som er uten synd, skyld, eller feil, bli pisket så forferdelig og blø for oss syndere? Plantet i denne begivenheten er en åndelig implikasjon med dypsindighet og et utrolig forsyn av Gud. Peters Første brev 2:24 forteller oss at ved Jesus sår har vi blitt helbredet. I Esaias 53:5 leser vi at ved Hans pisking blir vi helbredet. Rundt to tusen år tilbake, ble Jesus Guds Sønn pisket for å frelse oss fra lidelsen av sykdommer og blodet som Han mistet var for våre synder ved at vi ikke hadde levet etter Guds Ord. Når vi tror på Jesus som ble pisket og som blødde, vil vi allerede bli frigjorte fra våre sykdommer og vi vil bli helbredet. Dette er et tegn på Guds utrolige kjærlighet og kunnskap.

Hvis du derfor lider av sykdom som et av Guds barn, skal du angre på dine synder og tro på at du allerede har blitt helbredet. For *"Men tro er full visshet om det som håpes, overbevisning om ting som ikke sees"* (Hebreerne 11:1), selv om du har smerter på berørte steder av kroppen din, hvor du kan si med troen, "Jeg har allerede blitt helbredet," vil den ganske visst bli helbredet ganske snart.

I løpet av årene på min barneskole, hadde jeg skadet en av mine ribben og når smerten kom tilbake fra tid til annen, var den så forferdelig at jeg hadde vanskeligheter med å puste. Et år eller to etter at jeg hadde akseptert Jesus Kristus, kom smertene tilbake når jeg prøvde å løfte en tung gjenstand og jeg kunne ikke engang ta et annet steg. Men til tross for dette, fordi jeg hadde erfart og trodd på makten til den allmektige Gud, ba jeg intenst, "Når jeg rørte på meg like etter at jeg hadde bedt, visste jeg at smertene ville forsvinne og jeg kunne gå igjen." Akkurat som jeg bare trodde på den allmektige Gud og fjernet tankene om smertene, kunne jeg stå og spasere. Det var akkurat som om smertene bare hadde vært i min fantasi.

Akkurat som Jesus fortalte oss i Markus' evangeliet 11:24, *"Derfor sier jeg dere: Alt det dere ber om og begjærer, tro bare at dere har fått det, så skal det vederfares dere,"* Hvis du tror at vi allerede har blitt helbredet, vil vi ganske visst motta helbredelse ifølge vår tro. Men hvis vi ikke tror at vi ikke har blitt helbredet ennå på grunn av den dvelende smerten, vil sykdommen ikke bli helbredet. Med andre ord, bare når vi ødelegger rammen til våre egne tanker, vil alt bli gjort ifølge vår tro.

Det er derfor Gud forteller oss at de syndige tankene er fiendtlige mot Gud (Paulus' brev til romerne 8:7), og anbefaler oss å fange alle tankene og gjøre dem lydige mot Gud (Paulus' femte brev til korintierne 10:5). I Matteus' evangeliet 8:17 finner vi også ut at Jesus tok våre svakheter og bærte vekk våre sykdommer. Hvis du tenker 'Jeg er svak,' vil du forbli svak. Men samme hvor vanskelig og slitsomt ditt liv er, hvis du tilstår med dine lepper, "For jeg har i meg makten og æren til Gud og den Hellige Ånd styrer meg, jeg er ikke utkjørt," vil slitsomheten forsvinne og du vil bli en robust person.

Hvis vi med sikkerhet tror på Jesus Kristus som tok våre svakheter og bærte vekk våre sykdommer, må vi huske på at det ikke er noen grunn for oss å lide av sykdommer.

3. Når Jesus så troen deres

Nå da vi har blitt helbredet av våre sykdommer på grunn av at Jesus ble pisket, trenger vi nå troen på at vi kan tro på dette. Idag kom mange mennesker som ikke hadde trodd på Jesus Kristus til Ham med deres sykdomer. Noen mennesker blir helbredet like etter at de har akseptert Jesus Kristus mens andre viser ingen som helst forbedring selv etter flere måneder med bønn. De siste menneskene trenger å se tilbake på deres tro og undersøke den.

Med et tilfelle som viste seg i Markus' evangeliet 2:1-12, la oss undersøke hvordan den paralytiske og hans fire venner viste deres tro, drev den helbredende hånden til Herren for å sette ham fri fra hans sykdom, og ga ære til Gud.

Når Jesus besøkte Kapernaum, spredde nyhetene om hans ankomst veldig hurtig seg, og en stor folkemengde samlet seg. Jesus forkynte Guds ord til dem – sannheten – og folkemengden lyttet godt til, og ville ikke gå glipp av et eneste ord fra Jesus. Akkurat da brakte fire menn en invalid ut på en matte, men på grunn av den store folkemengden, kunne de ikke bringe den invalide nærmere Jesus.

Men de ga ikke opp. Istedenfor dro de opp på taket til huset hvor Jesus oppholdt seg, lagde en åpning over Han, skjærte inn i det, og senket matten som den invalide lå på ned. Når Jesus så deres tro, sa Han til den invalide, "Sønn, dine synder har blitt tilgitt...stå opp, ta din matte og gå hjem," og den invalide mottok helbredelse for det som han så inderlig hadde ønsket. Når han tok matten sin og spaserte ut under fullt oppsyn av dem alle, var folket sjokkerte og ga ære til Gud.

Den invalide hadde lidd av en slik alvorlig sykdom at han ikke hadde kunnet røre seg selv i det hele tatt. Når den invalide hørte om nyhetene om Jesus, som hadde åpnet øynene til de blinde, fått de invalide til å stå opp, helbredet en spedalsk, drevet ut demoner, og helbredet mange andre som led av forskjellige sykdommer, var han veldig desperat etter å møte Jesus. For han hadde et godt hjerte, når den invalide hørte slike nyheter, lengtet han etter å møte Jesus etter at han hadde funnet ut av hvor Han ville være.

Så en dag hørte den invalide at Jesus ville komme til Kapernaum. Kan du forestille deg hvor utrolig lykkelig han måtte ha vært når han hørte denne nyheten? Han har måttet lett etter venner som kunne hjelpe ham, og hans venner, som heldigvis også selv trodde, ville helt klart akseptere deres venns ønske. For vennene til den invalide hadde også hørt nyhetene om Jesus, så når deres venn ba inderlig om de kunne bringe ham til Jesus, samtykket de.

Hvis den invalides venner hadde nektet hans forespørsel og gjort narr av ham, og sagt, "Hvordan kan du tro på slike ting når du ikke har sett dem for deg selv?" ville de ikke ha arbeidet så hardt med å hjelpe vennen deres. Men på grunn av at de også trodde, kunne de bringe vennen deres på matten, mens hver av dem bærte i et hjørne av matten, og til og med arbeidet hardt med å lage en åpning i taket på huset.

Når de så den store folkemengden etter at de hadde dratt den lange og vanskelige veien, og ikke kunne presse seg igjennom for å komme nærmere Jesus, hvor urolige og ulykkelig måtte de ikke ha følt seg? De har måttet spurt og til og med bønnfalt etter bare en liten åpening. Men på grunn av alle menneskene som hadde samlet seg, så de ingen åpning og de ble desperate. På slutten, bestemte de seg til å gå på taket på huset hvor Jesus oppholdt seg, lagde en åpning i den, og senket deres venn som lå på en matte ned foran Jesus. Den invalide kom og møtte Jesus helt på kloss hold nærere enn noen andre hadde kommet. Gjennom denne fortellingen, kan vi lære hvor intenst den invalide og hans venner lengtet etter å komme til Jesus.

Vi må være oppmerksomme på det faktum at den invalide og hans venner ikke simpelthen gikk rett til Jesus. Siden de måtte gå gjennom alle de anstrengelsene for å møte Ham bare etter at de hadde hørt nyheten om Ham sier oss at de trodde på nyhetene om Ham og budskapet som Han forkynnet. Og ved å også overvinne virkelige vanskeligheter, tålmodighet, og aggressivt arbeide med å komme seg til Jesus, viste den invalide og hans venner hvor ærbødige de var når de omsider kom til Ham.

Når menneskene så den invalide og hans venner som gikk til taket og lagde en åpning i den, ble folkemengden kanskje sinte på dem eller foraktet dem. Kanskje skjedde det også noe som vi ikke engang kan tenke oss. Men for disse menneskene kunne ingenting eller ingen hindre deres vei. Så fort de møtte Jesus, ville den invalide blitt helbredet og de kunne veldig lett ha reparert eller gitt erstatning for skadene av taket.

Men blandt mange mennesker som lider av alvorlige sykdommer idag, er det hardt å finne at selve pasienten eller hans familie fremviser troen. Istedenfor å gå mot Jesus veldig aggresivt, er de hurtige med å si, "Jeg er fryktelig syk. Jeg ville gjerne gå, men jeg kan ikke," eller "Den og den i min familie er så svake at de ikke kan bli flyttet på." Det er nedslående å se slike passive mennesker som bare virker som de venter på at et eple skal falle inn i munnen på dem fra et epletre. Disse menneskene med andre ord, mangler tro.

Hvis mennesker erkjener deres tro på Gud, må det også være oppriktighet hvor de kan vise deres tro. For en kan ikke erfare Guds arbeide med tro som er mottat og oppbevart bare som kunnskap. Bare når han viser sin tro i handling, kan hans levende tro bli bygget opp og bli grunnlaget til troen hans for at han mottok den Guds gitte åndelige troen. Derfor akkurat som den invalide mottok Guds arbeide på grunnlag av hans tro, må vi også bli kloke og vise Ham grunnlaget av vår tro – selve troen – slik at også vi kan leve livet hvor vi mottar den åndelige troen som vi har fått av Gud og hvor vi erfarer Hans mirakler.

4. Dine synder er tigitt

Til den invalide som kom til Ham ved hjelp av Hans fire venner, sa Jesus, "Sønn, dine synder er deg tilgitt," og løste problemet med synden. For en kan ikke motta svar når det er en vegg med synd mellom han selv og Gud. Jesus avgjorde først problemet med synden for den invalide, som hadde kommet til ham med en grunnlagt tro.

Hvis vi virkelig erklærer vår tro i Gud, forteller Bibelen oss hva slags holdning vi skal ha med Ham og hvordan vi bør forholde oss. Ved å adlyde slike befalinger som, "Å gjøre," "Ikke gjøre," "Kaste vekk," "Beholde", og lignende, vil et urettferdig menneske bli til et rettferdig menneske, og en løgner vil bli en sann og ærlig person. Når vi adlyder sannhetens Ord, vil våre synder bli renset av blodet til vår Herre, og når vi mottar tilgivelse, vil Gud beskyttelse og svar vil komme ovenfra.

For alle sykdommer kommer fra synden, så fort problemet med synden har funnet sted, vil forutsetningen av hvordan Guds arbeide kan bli åpenbart bli grunnlagt. Akkurat som en lyspære lyser opp og maskiner går når elektrisiteten blir innført inn i anoden og går ut gjennom katoden, vil Gud gi tilgivelse når Han ser ens grunnlag med troen og gi ham tro ovenifra, og derved gi et mirakel.

"Stå opp, plukk opp din seng og gå hjem" (Markus 2:11). Hvor hjertevarmende er ikke denne bemerkningen? Ved å se troen til den invalide og hans fire venner, løste Jesus problemet med synden og den invalide kunne gå med det samme. Han har blitt hel igjen etter lang tid. På samme måte hvis vi ønsker å motta svar ikke bare på sykdommer, men også andre problemer som vi har, må vi først huske på å motta tilgivelse og rense våre hjerter.

Når menneskene hadde liten tro, hadde de kanskje søkt etter løsninger på deres sykdommer ved å stole på medisin og leger, men nå da troen deres har vokst og de elsker Gud og lever ifølge Hans Budskap, vil de ikke bli syke. Selv om de hadde blitt syke, når de først så tilbake på seg selv, angret de innerst inne fra deres hjerter, og snudde seg fra deres syndige veier, mottok de øyeblikkelig helbredelse. Jeg vet at mange av dere har hatt slike erfaringer.

For en stund siden, fikk en av de eldre i min kirke en diagnose om en brukken skive i ryggraden og ble helt plutselig lammet. Da kikket han med en gang tilbake på livet sitt, angret, og mottok mine bønner. Guds helbredende arbeide fant sted øyeblikkelig og han ble frisk igjen.

Når hennes datter led av pyrexia, innså moren at hennes bråsinthet hadde vært årsaken til hennes datters lidelse, og når hun angret på det ble hennes barn friskt igjen.

For å kunne frelse alle som, på grunn av Adams ulydighet, hadde gått mot ødeleggelse, sendte Gud Jesus Kristus her til denne verdenen, og tillot Ham å bli forbannet og korsfestet på et tre kors på våres vegne. Dette er på grunn av at Bibelen sier, *"Og uten blod blir utgitt, skjer ikke forlatelse,"* (Brevet til hebreerne 9:22) og *"Forbannet er hver den som henger på et tre"* (Paulus brev til galaterne 3:13).

Nå da vi vet at problemet med synden kommer fra synden, må vi angre på alle våre synder og virkelig tro på Jesus Kristus som reddet oss ifra alle sykdommene, og ved denne troen burde vi leve et sunt liv. Mange brødre erfarer idag helbredelse, og vitner om Guds makt, og er vitne til den levende Gud. Dette viser oss at alle de som aksepterer Jesus Kristus og spør i Hans navn, kan få svar på alle problemene med sykdommen. Samme hvor ille ens sykdom er, når han tror innerst inne i sitt hjerte at Jesus Krsitus ble pisket og mistet blodet sitt, vil det bli åpenbart et fantastisk helbredelses arbeide ifra Gud.

5. Tro Som Er Perfeksjonert ved Gjerninger

Ettersom den invalide mottok helbredelse ved hjelp av hans fire venner etter at de hadde vist Jesus deres tro, hvis vi vil motta ønsker fra våre hjerter, må vi også vise Gud vår tro som er ledsaget av handlinger, og derved opprette et grunnlag til troen. For å kunne hjelpe leserne å bedre forstå "troen," vil jeg gi en kort forklaring.

I ens liv i Kristus, "tro" kan bli delt opp og forklart i to kategorier. "Den kjødelige troen" eller "kunnskapens tro" refererer til den slags tro som en kan tro på, på grunn av at de fysiske beviser og Budskapet tilsvarer hans kunnskap og tanker. Motsatt, "åndelig tro" er den slags tro hvor en kan tro selv om han ikke kan se og Budskapet tilsvarer ikke hans kunnskaper og tanker.

Ved "den kjødelige troen," tror en at noe synlig har blitt skapt bare ut ifra noe annet som også er synlig. Med "åndelig tro" som en ikke kan ha hvis han innblander sine egne tanker og kunnskaper, tror en at noe synlig kan bli skapt ut av noe annet som ikke er synlig. Det siste forlanger at du ødelegger ens kunnskap og tanker.

Siden fødselen, uberegnelig mye kunnskap har blitt registrert i hver persons hjerne. Ting som han ser og hører blir registrert.

Ting som han lærer hjemme og på skolen blir registrert. Ting som han lærer i de forskjellige omgivelsene og omstendighetene blir registrert. Men for hver kunnskap som ikke er sann, hvis noe av det motsier Guds Ord, må en naturligvis kaste det vekk. For eksempel, på skolen lærer han at hver eneste levende ting har enten blitt brukket av eller vokst seg frem fra en monade til en flercellet organisme, men i Bibelen lærer man at alle levende ting var skapt ifølge deres slag av Gud. Hva burde han gjøre? Misforståelsen med teorien av evolusjon har allered blitt åpenbart selv av vitenskapsmenn, igjen og igjen. Hvordan er det mulig, selv med menneskenes forstand, for en ape å ha blitt til et menenske og en frosk til en slags fugl over tidsrommet på hundrevis av millioner år? Selv logikk støtter skapelsen.

På samme måte, når "den kjødelige troen" blir til den "åndelige troen," ettersom dine tvil vil bli kastet vekk, vil du bli stående på klippens tro. I tillegg, hvis du erkjenner din tro i Gud, må du nå sette Ordene som du har oppbevart som kunnskap til fremgangsmåte. Hvis du erklærer at du tror på Gud, må du vise deg selv i lyset og holde din Herres Dag hellig, elske dine naboer, og adlyde sannhetens Ord.

Hvis den invalide i Markus' evangeliet hadde holdt seg hjemme, ville han ikke ha blitt helbredet. Men han visste at han ville bli helbredet så fort han kom til Jesus, og viste hans tro ved å anvende og utnytte hver eneste metode, kunne den invalide motta helbredelse. Selv hvis et individ som bygger et hus bare ber, "Herre, jeg tror på at huset vil bli bygd," hundre eller tusen bønner alene vil ikke resultere i at huset blir bygd. Han trenger å gjøre hans del av arbeide ved å gjøre istand grunnmuren, grave opp jorden, sette søyler, og resten; kort sagt, "handling" må til. Hvis du eller noen andre i din familie lider av en sykdom, tro på at Gud vil gi tilgivelse og åpenbare arbeide med helbredelse når Han ser at alle i din familie er kjærlige mot hverandre, denne harmonien ser Han på som grunnlaget for troen. Noen sier at siden det er en tid for alt, vil det også bli en tid for helbredelse. Men, husk på at "tiden" er når menneskene oppretter grunnlaget for troen foran Gud.

Må du få svar på dine sykdommer og alt annet som du spør om, og gi ære til Gud, i Herrens navn jeg ber!

5. Kapittel

Makten til å Helbrede Skrøpeligheter

Og Han kalte sine tolv disipler til seg
og ga dem makt over urene ånder,
til å drive dem ut, og til å helbrede all sykdom
og all skrøpelighet.

Matteus' evangeliet 10:1

1. Makten til å Helbrede Sykdommer og Skavanker

Det er mange måter å bekrefte Guds liv til de ikke-troende, og helbredelse av sykdommene er en slik metode. Når mennesker lider av uhelbredelige og dødelige sykdommer, hvor den medisinke vitenskap er forgjeves, motta helbredelse, kan de ikke lenger nekte Gud Skaperens makt, men vil kunne tro på makten og gi Ham ære.

Til tross for deres rikdom, autoritet, berømmelse, og kunnskap, kan mange mennesker idag ikke fikse problemet med sykdommen og står igjen med dens dype smerte. Selv om mange sykdommer ikke kan bli helbredet selv med den mest utviklede form for medisinsk vitenskap, når mennesker tror på den allmektige Gud, stoler på Ham, og gir Ham problemet med sykdommen, kan alle uhelbredelige og dødelige sykdommer bli helbredet. Vår Gud er den allmektige Gud, som ingenting er umulig, og som kan skape noe ut av ingnting, og ha en tørr trepinne gro og skyte knopper (Fjerde Mosebok 17:8), og oppvekke de døde (Johannes' evangeliet 11:17-44).

Makten til vår Gud kan visselig helbrede alle slags plager og sykdommer. I Matteus' evangeliet 4:23 finner vi, *"Og Jesus gikk omkring i hele Galilea og lærte folket i deres synagoger og forkynte evangeliet om riket og helbredet all sykdom og all skrøpelighet blandt folket,"* og i Matteus' evangeliet 8:17, leser vi at, *"Forat det skulle oppfylles som er talt ved profeten Esaias, som sier: 'Han tok våre skrøpeligheter på seg og bar våre sykdommer.'"* I disse versene snakker vi om "sykdommer" og "skrøpeligheter."

Her refererer ikke "skrøpeligheter" til en slik mild sykdom som forkjølelse eller en sykdom som utmattelse. Det er en unormal tilstand hvor funksjonen av ens kropp, kroppsdeler, eller organer har blitt paralyserte eller fordervet på grunn av en ulykke eller en feiltakelse fra hans foreldre eller han selv. For eksempel, de som er stumme, døve, blinde, invalide, lider av spedbarns lammelse (med andre ord kjent som polio), og resten – de som ikke kan bli helbredet ved menneskenes kunnskap – kan bli klassifiserte som "skrøpeligheter." I tillegg til omstendigheter som er forårsaket av en ulykke eller en feiltakelse fra hans foreldre eller hans egen, som i tilfelle med mannen som var født blind i Johannes' evangeliet 9:1-3, er det mennesker som lider av skrøpeligheter slik at Guds ære kan bli åpenbart. Ja, slike tilfeller er usedvanlige siden de fleste er forårsaket av uvitenhet og menneskenes feiltagelse.

Når mennesker angrer og aksepterer Jesus Kristus ettersom de strever etter å tro på Gud, gir Han dem den Hellige Ånd i gave. Sammen med den Hellige Ånd mottar de også rettigheten til å bli Guds barn. Når den Hellige Ånden er med dem, untatt i veldig alvorlige og seriøse tilfeller, blir de fleste sykdommer helbredet. Det faktum at de har mottat den Hellige Ånd alene tillater så ilden til den Hellige Ånden å senke dem ned og brenne deres sår. Dessuten, hvis noen lider av en alvorlig sykdom, når han virkelig ber troende, ødelegger veggen med synden mellom seg selv og Gud, snur seg vekk ifra syndenes vei, og angrer, vil han motta helbredelse ifølge hans tro.

"Ilden til den Hellige Ånd" refererer til ilddåpen som finner sted etter en har mottat den Hellige Ånd, og i Guds øyne er det Hans makt. Når de åndelige øynene til Døperen Johannes ble åpnet og han så, beskrev han ilden til den Hellige Ånden som "ilddåpen." I Matteus' evangeliet 3:11, sier Døperen Johannnes, *"Jeg døper dere med vann til omvendelse; men han som kommer etter meg, er sterkere enn jeg, han hvis sko jeg ikke er verdig til å bære; han skal døpe dere med den Hellige Ånd og ild."* Ilddåpen kommer ikke bare når som helst, men bare når en er fyllt med den Hellige Ånd. Siden ilden fra den Hellige Ånden alltid kommer ned til han som er fyllt med den Hellige Ånd, vil alle hans synder og sykdommer bli brendt og han vil kunne leve et sunt liv.

Når ilddåpen brandt forbannelsen av en sykdom, blir de fleste sykdommer helbredet; men skrøpeligheter kan ikke engang bli brendt av ilddåpen. Hvordan kan så skrøpelighetene bli helbredet?

Alle skrøpelighetene kan bare bli helbredet av makten fra Gud. Det er derfor vi finner i Johannes' evangeliet 9:32-33, *"Så lenge verden har stått, er det uhørt at noen har åpnet øynene på en blindfødt. Hvis ikke denne mannen var fra Gud, da kunne han intet gjøre."*

I Apostelens gjerninger 3:1-10 er det en scene hvor Peter og Johannes, som begge hadde mottat Guds makt, hjalp en mann som hadde vært invalid ifra fødselen, tiggende ved en tempel port som ble kalt "Vakker," med å stå opp. Når Peter sa til ham i 6. Vers, *"Sølv og gull eier jeg ikke; men det jeg har, det gir jeg deg: Deg Jesu Kristi, nasareerens navn – stå opp og gå!"* og tok den invalide ved hans høyre arm, og mannens føtter og ankler ble øyeblikkelig sterke og han begyndte å æreväre Gud. Når folket så mannen som tidligere hadde vært invalid spasere og lovprise Gud, ble de fyllt med under og forbauselse.

Hvis en ønsker å motta helbredelse, må han ha troen hvor han tror på Jesus Kristus. Selv om den invalide mannen kanskje bare hadde vært en tigger, fordi han trodde på Jesus Kristus kunne han motta helbredelse når de som hadde mottat Guds makt hadde bedt for ham. Det er derfor Bibelen forteller oss, *"Og ved troen på Hans navn har Hans navn styrket denne mann som dere ser og kjenner, og troen som virkedes ved ham, har gitt ham denne fulle førlighet for deres alles øyne"* (Apostlenes gjerninger 3:16).

I Matteus 10:1, finner vi at Jesus ga Hans disipler makten mot urene ånder, til å kaste dem ut, og til å helbrede alle slags sykdommer og alle slags plager. I det Gamle Testamentets tider, ga Gud makten til å helbrede skrøpelighetene til Hans elskede profeter inkludert Moses, Elias, og Esaias; i det Nye Testamentets tider, hadde Gud gitt makten til slike apostler som Peter og Paulus og trofaste tjenere som Steven og Filip.

Så fort en mottar makten til Gud er ikke noe umulig fordi han nå kan hjelpe en invalid til å stå opp, helbrede de som lider av barnelammelse og gjøre det mulig for dem å gå igjen, å få de blinde til å se, åpne ørene til de døve, og løsne tungene til de døv-stumme.

2. Forskjellige Veier å Helbrede Skrøpeligheter

1) Guds Makt Helbredet en Døv og en Stum Mann
I Markus 7:31-37 er det en scene hvor Guds makt helbreder en døv og stum mann. Når folket brakte Mennen til Jesus og tigget Ham om å legge Hans hånd på mannen, tok Jesus mannen inn og la Hans fingre inn i mannens ører. Da spyttet Han og tok på mannens tonge. Han så opp til himmelen og med et dypt sukk sa han til ham, *"'Ephphatha!' (det betyr, 'Å bli helbredet')"* (v. 34). Mannens ører ble øyeblikkelig åpnet, hans tonge ble løsnet og han begynte å prate tydelig.

Kunne ikke Gud som hadde skapt alt i universet med Hans Ord, ikke også ha helbredet mannen kun med Hans Ord? Hvorfor satte Jesus Hans finger inn i mannens ører? Siden en døv person ikke kan høre lyder og kommuniserer med tegnspråk, kunne denne personen ikke hatt tro på samme måte som andre selv om Jesus hadde pratet med lyd. For Jesus visste at mannen manglet tro, så Han satte sine fingre inn i mannens ører slik at gjennom røringen av fingrene, mannen kunne få troen til å bli helbredet med. Den viktigste ingrediens er troen hvor en tror på at han kan bli helbredet. Jesus kunne ha helbredet mannen med Hans Ord, men på grunn av at mannen ikke kunne høre, plantet Jesus troen og tillot mannen å motta helbredelse ved å gjennomføre en slik metode.

Hvorfor spyttet Jesus og så tok på mannens tunge? Det faktum at Jesus spyttet forteller oss at en ond ånd hadde forårsaket mannen til å bli stum. Hvis noen spytter deg i ansiktet uten noen spesiell grunn, hvordan ville du akseptere det? Det er en svertende handling og en umoral oppførsel som fullstendig ignorerer ens personlighet. Siden å spytte generelt symboliserer mangel på respekt og fornedrelse av noen, spyttet også Jesus for å drive ut den onde ånden.

I Første Mosebok, finner vi at Gud forbannet slangen med å la den spise støv resten av dagene i dens liv. Dette refererer med andre ord til Guds forbannelse på fienden djevelen og Satan, som hadde hisset opp slangen, å lage en mann som hadde blit skapt av støv, til offer. Siden Adams tid har derfor fienden djevelen strevet etter å offre menneskene og søker etter hver eneste leilighet til å torturere og tilintetgjøre menneskene. Akkurat som fluer, mygg, og larver bor i skitne steder, vil fienden djevelen bli i menneskene som har hjerter som er fylt med synd, ondskap, og bråsinhet og kidnapper tankene deres. Vi må innse at bare de som lever og handler ifølge Guds Ord kan bli helbredet av deres sykdommer.

2) Guds Makt Helbredet en Blind Mann
I Markus 8:22-25, finner vi følgende:

> *Og de kom til Betsaida. Og de førte en blind til Ham og bad Ham røre ved ham. Og Han tok den blinde ved hånden og førte ham utenfor byen, og Han spyttet i hans øyne og la sine hender på ham, og spurte ham om han så noe. Og han så opp og sa: 'Jeg kan se mennesker; for jeg ser folk gå omkring likesom trær.' Så la Han atter sine hender på hans øyne, og han så*

klart, og han ble helbredet og kunne se alt tydelig på avstand.

Når Jesus ba for denne blinde mannen, spyttet Han på mannens øyne. Hvorfor kunne denne mannen så ikke se etter den første gangen Jesus hadde bedt for ham, men etter at Jesus hadde bedt den andre gangen? Ved Hans makt, kunne Jesus ha helbredet mannen fullstendig, men på grunn av at mannens tro var liten, ba Jesus igjen for å hjelpe ham med å få troen. Gjennom dette, lærer Jesus oss at når noen mennesker ikke kan motta helbredelse etter den første gangen de mottar bønner, burde vi også be for slike mennesker to, tre, og til og med fire ganger, helt til de har fått plantet litt tro, hvor de kan tro på deres helbredelse.

Jesus, som ikke noe var umulig, ba igjen og igjen når Han visste at den blinde mannen ikke kunne bli helbredet av hans tro. Hva burde vi gjøre? Med mere trygling og being, burde vi holde ut til vi mottar helbredelse.

I Johannes 9:6-9 er det en mann som er født blind og som mottar helbredelse etter at Jesus spytter på bakken, laget litt søle med Hans spytt, og puttet sølen på hans øyne. Hvorfor helbredet Jesus ham ved å spytte på bakken, laget søle av Hans spytt, og la det på mannens øyne? Spytten her refererer ikke til noe urent; Jesus spyttet på bakken slik at Han kunne lage søle og legge det på den blinde mannens øyne. Jesus også lagde søle av Hans spytt fordi det ikke fantes mye vann. I tilfelle med begynnelsen av en blemme eller en hevelse eller et insekt stikk på deres barn, vil ofte foreldre legge deres egen spytt på stedet på en kjærlig måte. Vi burde også forstå vår Herres kjærlighet som brukte forskjellige måter å hjelpe de svake til å få troen.

Da Jesus la noe søle på den blinde mannens øyne, følte mannen sensasjonen med sølen på hans øyne og fikk så troen hvor han kunne bli helbredet. Etter at Jesus ga troen til den blinde mannen som hadde hatt liten tro, åpnet Han mannens øyne med Hans makt.

Jesus forteller oss at, *"Uten at dere ser tegn og under, tror dere ikke"* (Johannes' evangeliet 4:48). Idag er det umulig å hjelpe mennesker til å få troen hvor en bare kan tro på Ordene i Bibelen, uten å være vitne til helbredende mirakler og under. I en alder hvor vitenskap og menneskenes kunnskap har utviklet seg veldig mye, er det veldig vanskelig å ha åndelig tro for å tro på en usynlig Gud. "Å se er å tro," har vi ofte hørt. Likeledes, fordi menneskenes tro vil vokse og helbredelsens arbeide vil finne sted hurtigere når de ser reelle bevis på den levende Gud, "mirakelløse tegn og undere" er helt nødvendig.

3) Guds Makt Helbredet en Invalid

Ettersom Jesus hadde forkynnet de Gode Nyhetene og helbredet mennesker fra alle slags sykdommer og alle slags plager, åpenbarte også Hans disipler Guds makt.

Når Peter befalte en invalid tigger, *"I Jesus Kristus av Nasarets navn, gå"* (v. 6) og tok han i den høyre hånden, hans føtter og ankler ble sterke med det samme, og han hoppet opp på bena og begynte å spasere (Apostlenes gjerninger 3:6-10). Da folket så de miraklende tegnene og underene som Peter demonstrerte etter at han hadde mottat Guds makt, kom flere og flere mennesker for å tro på Herren. De til og med brakte de syke ut i gatene og la dem på senger og matter slik at Peters skygge kanskje kunne falle på noen av dem når han gikk forbi. Folkemengder kom også fra byene rundt Jerusalem, og brakte de syke og de som var torturerte av demonene, og de ble alle helbredet (Apostlenes gjerninger 5:14-16).

I Apostlenes gjerninger 8:5-8 finner vi, *"Filip kom da ned til en by i Samaria og forkynte Kristus for dem. Og folket ga samdrektig akt på det som ble sagt av Filip, idet de hørte og så de tegn som han gjorde. For det var mange som hadde urene ånder, og de for ut av dem med høye skrik, og mange verkbrudne og vanføre ble helbredet. Og det ble stor glede der i byen."*

I Apostlenes gjerninger 14:8-12, leser vi om en mann som er invalid, som hadde vært lam siden fødselen og som aldri hadde gått. Etter at han hadde hørt på Paulus budskap og fikk troen hvor han kunne motta helbredelse, når Paulus befalte, *"Stå opp på dine ben!"* (v. 10) hoppet mannen opp med det samme og begynte å gå. De som var vitne til dette påstår at *"Gudene har kommet til oss i menneskelig kropper!"* (v. 11)

I Apostlenes gjerninger 19:11-12 ser vi at *"Og usedvanlige kraftgjerninger gjorde Gud ved Paulus' hender, så at de enda tok svetteduker eller forklær som han hadde hatt på seg, og bar til de syke, og sykdommene vek fra dem, og de onde ånder for ut av dem."* Hvor prektig og vidunderlig er ikke Guds makt?

Gjennom mennesker som har oppnådd frelse og full

kjærlighet gjennom hjerte deres akkurat som Peter, Paulus, og diakonene Filip og Steven, er Guds makt idag åpenbart. Når mennesker kommer til Gud med tro og med ønske om å få deres skrøpeligheter helbredet, kan de bli helbredet ved å motta bønner fra Guds tjenere som Han arbeider gjennom.

Siden begynnelsen av Manmin, har den levende Gud tillat meg å åpenbare mange forskjellige mirakuløse tegn og undere, satt troen i hjertene til medlemmene, og innbringet mye oppvekkelse.

Det var en gang en kvinne som hadde vært gjenstand for hennes manns alkohol misbruk. Når hennes synsnerver hadde blitt paralyserte og legene hadde gitt opp håpet etter flere fysiske mishandlinger, kom kvinnen til Manmin etter at hun hadde hørt om den. Ettersom hun flittig deltok i gudstjenestene og virkelig ba for helbredelse, mottok hun mine bønner og kunne se igjen. Guds makt hadde fullstendig reparert synsnervene som før hadde virket som om de var borte for alltid.

Ved en annen anledning, var det en mann som hadde lidd av en alvorlig skade hvor åtte steder på hans ryggrad hadde blitt knust. Da hans nederste del av hans kropp hadde blitt paralysert, var han på nippet til å måtte ha begge bena hans amputert. Etter at han hadde akseptert Jesus Kristus, kunne han forhindre amputeringen, men han måtte fremdeles ha krykker. Han begynte da å gå til møtene i Manmins Bede Senter og litt senere under en av Fredagenes Overnattings Gudstjenester, etter at han hadde mottatt min bønn kastet mannen vekk sine krykker, kom og spaserte på hans to føtter, og har siden blitt en av evangeliets budbringere.

Guds makt kan fullstendig helbrede skrøpeligheter som den medisinske vitenskapen ikke kan helbrede. I Johannes' evangeliet 16:23, lover Jesus oss, *"På den dag skal dere ikke spørre meg om noe. Sannelig, sannelig sier jeg dere: Alt det dere ber Faderen om, skal Han gi dere i Mitt navn."* Må du tro på Guds utrolige makt, og søke iherdig etter det, motta svaret til alle dine sykdoms problemer, og bli en budbringer som bærer de Gode Nyhetene til de levende og den allmektige Gud, i Herrens navn jeg ber!

6. Kapittel

Måter å Helbrede de som er Besatte av Djevelen

Da Han var kommet inn i et hus,
spurte Hans disipler Ham i enerom:
"Hvorfor kunne ikke vi drive den ut?"
Og Jesus svarte, "Dette slag kan ikke drives
ut uten ved bønn og faste."

Markus' evangeliet 9:28-29

1. I de Siste Dagene Blir Kjærligheten Kald

Forfremmelsen av den moderne vitenskapelige sivilisasjonen og utviklingen av industrien har brakt frem materialistisk velstand og tillat mennesker å gå etter mere komfort og fortjeneste. Men samtidig har disse to omstendighetene ført til likegyldighet, overflødig egoisme, bedragelse, og mindreverdighetsfølelse blandt mennesker, akkurat som kjærlighet mildner mens forståelse og tilgivelse er vanskelig å finne.

Akkurat som Matteus 24:12 spådde, *"Fordi urettferdigheten tar overhånd, skal kjærligheten bli kald hos de fleste,"* på tiden når ondskapen blomstrer og kjærligheten blir kaldere, en av de mere seriøse problemene i vårt samfunn idag er det økende antall mensker som lider av slike åndsvakheter som nervesammenbrudd og schizofreni.

Psykiske institusjoner isolerer mange pasienter som ikke kan leve normale liv, men de har ikke ennå funnet den rette helbredelsen. Hvis det ikke er blitt noen forbedring etter flere års behandling, vil familien bli utålmodige og de vil i mange tilfeller ignorere eller forlate pasientene akkurat som foreldreløse barn. Disse pasientene, som bor på avstand og uten familier, kan ikke fungere som vanlige mennesker gjør. Selv om de må ha virkelig kjærlighet fra deres kjære, er det ikke mange mennesker som viser deres kjærlighet til slike individer.

Vi finner i Bibelen mange tilfeller hvor Jesus helbredet mennesker som var besatt av demoner. Hvorfor har de blitt skrevet ned i Skriftene? Ettersom slutten av tiden nærmer seg, blir kjærligheten bare kaldere og Satan torturerer mennesker, får dem til å lide av åndssvakheter, og adopterer dem som djevelens barn. Satan torturerer, gjør dem syke, forvirrer, og forderver menneskenes sinn med synd og ondskap. For samfunnet drunker i synd og ondskap, folk er hurtige med å misunne, krangle, hate, og vil morde hverandre. Ettersom den siste dagen nærmer seg, må de kristne kunne se forskjell på sannheten og løgnen, vokte deres tro, og føre sunne liv fysisk og psykisk.

La oss undersøke årsaken bak Satans oppfordring og tortur, og også det økende antall mennesker som er besatt av Satan og demonene og som lider av åndssvakhet i vårt moderne samfunn hvor den vitenskapelige sivilisasjonen har gått sterkt fremover.

2. Prosessen av å Ha Blitt Besatt av Satan

Alle har samvittighet og de fleste mennesker oppfører seg og lever ifølge deres samvittighet, men hvert individs samvittighets nivå og påfølgende resultater som følger er forskjellig fra person til person. Dette er på grunn av at hver person har blitt født og oppdratt i forskjellige miljøer og forhold, har sett, hørt, og lært forskjellige ting fra deres foreldre, hjemme, og skole, og har registrert forskjellig informasjon.

På den ene side, Guds Ord, som er sannheten, forteller oss, *La deg ikke overvinne av det onde, men overvinn det onde med det gode"* (Paulus' brev til Romerne 12:21), og anbefaler oss,

"Ikke sett dere imot den som er ond mot dere; men om noen slår deg på ditt høyre kinn, da vend også det andre til ham" (Matteus' evangeliet 5:39). Siden Ordet lærer oss om kjærlighet og tilgivelse, en standard dom som "Å tape er å vinne" utvikler seg i de som tror på det. På den annen side, hvis en har lært at han burde hevne seg når noen slår han, vil han nå en dom som dikterer at å motstå er en modig oppførsel mens å unngå uten å motsette seg er feigt. Tre forhold – hvert individs dømmende nivå, samme om en hadde levet et rettferdig eller et urettferdig liv, og hvor mye han hadde risikert her i verden – vil utgjøre forskjellige samvittigheter i forskjellige mennesker.

For mennesker har levet deres liv forskjellig og deres samvittigheter er derfor forskjellige, Guds fiende Satan bruker dette til å friste menneskene med å leve ifølge den syndige naturen, i motsetning til rettferdigheten og godheten, ved å røre onde tanker og egge dem til å synde.

I menneskers hjerte er det en konflikt mellom ønske om den Hellige Ånd som de må leve etter på grunn av Guds lov, og ønske om den syndige naturen hvor mennesker blir tvunget til å følge de kjødelige ønskene. Det er på grunn av dette at Gud anbefaler oss i Galaterbrevet 5:16-17, *"Men jeg sier: Vandre i Ånden, så skal dere ikke fyllbyrde kjødets begjæring. For kjødets begjæring imot Ånden, og Ånden imot kjødet; de står hverandre imot, så dere ikke skal gjøre det dere vil."*

Hvis vi lever etter ønskene til den Hellige Ånd vil vi arve Guds kongerike; hvis vi følger ønskene til den syndige naturen og ikke lever ifølge Guds Ord, vil vi ikke arve Hans kongerike. Det er derfor Gud advarte oss om følgende i Galaterbrevet 5:19-21:

Men kjødets gjerninger er åpenbare, såsom: utukt, urenhet, skamløshet, avgudsdyrkelse, trolldom, fiendskap, kiv, avind, vrede stridigheter, tvedrakt, partier, misunnelse, mord, drikk, svir og annet slikt; om dette sier jeg dere forut, likesom jeg og forut har sagt, at de som gjør sådant, skal arve Guds rike.

Hvordan blir så mennesker besatte av demoner?

Gjennom ens tanker, rører Satan ønskene av den syndige naturen i et menneske som har et hjerte som er fyllt med en syndig karakter. Hvis han ikke kan kontrollere hans tanker og handler ifølge hans syndige karakter, blir han besatt av en viss skyldfølelse og hans hjerte vil bare vokse ondere. Når slike handlinger fra dens syndige karakter hoper seg opp, kan personen ikke til slutt kontrollere seg selv og istedenfor gjør han hva enn Satan egger ham til å gjøre. Vi sier at en slik person er "besatt" av Satan.

For eksempel, la oss anta at det er en lat mann som ikke liker å arbeide, men istedenfor foretrekker å drikke og kaste bort tiden hans. På et slikt individ vil Satan egge ham opp og kontrollere hans tanker slik at han vil fortsette med å drikke og kaste bort hans tid ved å føle at å arbeide er altfor for hardt. Satan vil også drive han vekk ifra godhet som er sannheten, ta energien fra ham slik at han kan utvikle hans liv, og gjøre ham til en udugelig og ubrukelig person.

Etterhvert som han lever og oppfører seg ifølge Satans tanker, kan mannen ikke rømme fra Satan. Og ettersom hans hjerte vokser ondere og han allerede har gitt seg selv opp til de onde tankene, istedenfor å kontrollere hans hjerte, vil han gjøre alt som tilfredstiller ham. Hvis han vil bli sint, vil han bli sint for å tilfredstille han; hvis han vil slåss eller krangle, vil han slåss og krangle så mye han vil; og hvis han vil drikke, kan han ikke forhindre seg selv å drikke. Når dette hoper seg opp, fra et spesielt tidspunkt av vil han ikke kunne kontrollere hans tanker og hjerte og finner at alle tingene motstrider hans vilje. Etter denne prosessen, blir han besatt av demonene.

3. Årsaken til de som er besatte av demonene

Det er to hovedgrunner for at en skal bli egget på av Satan og senere besatt av demonene.

1) Foreldre

Hvis foreldrene hadde forlatt Gud, tilbedet idoler som Gud hater og finner frastøtende, eller gjort noe forferdelig ondt, da vil maktene av de onde åndene spre seg i barna deres, og hvis de blir forlatt ukontrollert, vil de bli besatte av demoner. I et slikt tilfelle, må foreldrene komme til Gud, angre iherdig på deres synder, snu seg fra deres syndige veier, og trygle til Gud på vegne av deres barn. Gud vil da se midtpunktet av deres foreldres hjerter og åpenbare helbredelsens arbeide, og derfor løse på urettferdighetens rekkefølge.

2) Seg selv

Samme hva slags synd foreldrene har, kan en bli besatt av demoner på grunn av hans egne løgner, medregnet ondskap, stolthet, og alt annet. Siden individet ikke kan be og angre på egen hånd, når han mottar bønner fra en av Guds tjenere som åpenbarer Hans makt, vil kjeden med urettferdighet bli løsnet på. Når demonene blir drevet ut og han kommer til vettet, burde han bli lært om Guds Ord slik at hans hjerte som en gang druknet i synd og ondskap vil bli tørket bort og vil bli sannhetens hjerte.

Hvis en av familiemedlemmene eller slektningene derfor er besatt av demoner, må familien utpeke et individ som vil be på den personens vegne. Dette er på grunn av at hjertet og tanken til den demon besatte personen er kontrollert av demoner og han kan ikke gjøre noe for det ifølge hans egen vilje. Han kan hverken be eller høre på sannhetens Ord; han kan derfor ikke leve ifølge sannheten. Derfor må hele familien eller bare en person fra familien be for ham med kjærlighet og barmhjertighet slik at det demon besatte familiemedlemmet nå kan leve i troen. Når Gud ser begeistringen og kjærligheten i familien, vil Han avsløre helbredelsens arbeide. Jesus ba oss om å elske våre naboer like mye som oss selv (Lukas' evangeliet 10:27). Hvis vi ikke kan be og vie oss til en av våre familie medlemmer som er besatte av demonene, hvordan kan vi da si at vi elsker våre naboer?

Når familien og vennene til den som er besatt av demonene avgjør årsaken, angrer, ber i troen av Guds makt, ofrer seg i kjærlighet, og planter frøet med troen, da vil makten av demonene bli drevet vekk og deres kjære vil bli omgjort til en troende mann, som Gud vil beskytte og verne mot demonene.

4. Måter å Helbrede de Menneskene som er Besatt av Demonene

I mange deler av Bibelen er det fortellinger om mennesker som er besatt av demoner. La oss forske hvordan de mottok helbredelse.

1) Du må avvise demonenes makter.

I Markus' evangeliet 5:1-20 finner vi en mann som var besatt med en uren ånd. Versene 3-4 forklarer om mannen, og sier, *"Han hadde sitt tilhold der i gravene, og de kunne ikke lenger binde ham, ikke engang med lenker; for han hadde ofte vært bundet med fot-jern og lenker, og lenkene hadde han revet av seg, og fot-jernene hadde han sønderslitt, og ingen kunne rå med ham."* Vi lærer også fra Markus' evangeliet 5:5-7, som sier, *"Han var alltid natt og dag, i gravene og på fjellene og skrek og slo seg selv med stener. Og da han så Jesus langt borte, løp han til og falt ned for Ham, og ropte med høy røst: 'Hva har jeg med deg å gjøre, Jesus, du den høyeste Guds Sønn? Jeg besverger deg ved Gud at du ikke må pine meg!'"*

Dette var svar på det Jesus hadde befalt, *"Kom ut av denne mannen, din urene ånd!"* (v. 8). Denne scenen forteller oss at selv om mennesker ikke visste at Jesus var Guds Sønn, visste den urene ånden nøyaktig hvem Jesus var og hva slags makt Han hadde. Jesus spurte så, *"Hva heter du?"* og den demon besatte mannen svarte, *"Mitt navn er Legion, for vi er mange"* (v. 9). Han ba også Jesus om og om igjen om ikke å sende dem ut av området og tigget Han så om å sende dem til grisene. Jesus spurte ikke etter navnet fordi han ikke visste om det; Han spurte etter navnet som en dommer som forhørte den urene ånden. Dessuten betyr "Legion" at mange demoner holdt mannen kidnappet.

Jesus tillot "Legion" å komme inn til en flokk med griser, som sprang ned den bratte bakken inn i tjernet og druknet. Når vi driver ut demoner, må vi gjøre det med sannhetens Ord, som er symbolisert av vannet. Når folket så mannen, som ikke kunne bli holdt fanget av menneskenes makt, fullstendig helbredet, sittende der, påkledd og ved sine fulle fem, ble de redde.

Hvordan kan vi drive ut demonene idag? De burde bli drevet ut i Jesus Kristus navn til vannet, som symboliserer Ordet, eller ilden, som symboliserer den Hellige Ånd, slik at de vil miste deres makt. Men siden demonene er åndelige skapninger, vil de bli drevet ut når en person som har makt med å drive ut demoner ber. Når en person uten tro prøver å drive dem ut, vil demonene i retur bagatellisere eller gjøre narr av ham. For å derfor kunne helbrede noen som er besatt av demoner, må en av Guds menn med makten til å drive dem ut be for ham.

Men enkelte ganger vil demonene ikke bli drevet ut selv når en av Guds menn driver dem ut i Jesus Kristus navn. Dette er på grunn av at individet som var besatt av demoner hadde gudsbespottet eller motsagt den Hellige Ånd (Matteus' evangeliet 12:31; Lukas' evangeliet 12:10). Helbredelse kan ikke bli åpenbart til noen demon besatte mennesker når de bevisst fortsetter med å synde etter at de har mottat kunnskapen om sannheten (Brevet til hebreerne 10:26).

Dessuten i Brevet til hebreerne 6:4-6 finner vi, *"For det er umulig at de som engang er blitt opplyst og har smakt den himmelske gave og fått del i den Hellige Ånd og har smakt Guds gode ord og den kommende verdens krefter, og så faller fra, atter kan fornyes til omvendelse, da de på ny korsfester Guds Sønn for seg og gjør Ham til spott."*

Nå da vi har lært om dette, må vi beskytte oss selv slik at vi aldri vil begå synder for noe som vi ikke kan motta tilgivelse for. Vi må også karakterisere sannheten, om de som er besatte av demonene kan bli helbredet med bønner.

2) Utrust deg selv med sannheten.

Så fort demonene blir drevet ut fra dem, må menneskene fylle deres hjerter med liv og sannhet ved å flittig lese om Guds Ord, lovprise, og be. Selv om demoner blir drevet ut, hvis mennesker fortsetter med å leve i synd uten at de utruster seg selv med sannheten, vil de drevne demonene komme tilbake, de vil komme sammen med de ondere demonene. Husk at menneskenes tilstand vil bli mye verre enn første gangen demonene hadde trengt seg inn i dem.

I Matteus' evangeliet 12:43-45, forteller Jesus oss følgende:

Når den urene ånd farer ut av et menneske, går den gjennom tørre steder og søker hvile, men finner den ikke. Da sier den: Jeg vil vende tilbake til mitt hus, som jeg for ut av. Og når de kommer dit, finner den det ledig og feid og pyntet. Så går den bort og tar med seg sju andre ånder, verre enn den selv, og de går inn og bor der, og det siste blir verre med det menneske enn det første. Således skal det også gå denne onde slekt.

Demoner skal ikke bli drevet ut skjødesløst. Etter at demonene blir drevet ut burde også vennene og familen til den som var besatt av demonene forstå at personen nå trenger omsorg nå mere enn noen gang før. De må se etter ham med hengivenhet og ofring og utruste ham med sannheten helt til en har mottat en fullstendig helbredelse.

5. Alt er Mulig for Ham Som Tror

I Markus' evangeliet 9:17-27 er det et tilfelle hvor Jesus helbredet en sønn som var besatt av en ånd som hadde tatt ifra han taleevnen og som led av epilepsi etter at han hadde sett troen til hans far. La oss ganske kort undersøke hvordan sønnen mottok helbredelse.

1) Familien må vise deres tro.

En sønn i Markus 9 hadde vært døv siden barndom på grunn av demon besettelse. Han kunne ikke forstå et eneste ord og det var umulig å kommunikere med ham. Dessuten var det også vanskelig å si når og hvor symptomene til epilepsi ville komme. Hans far, levde derfor alltid i frykt og lidelse, med at alt håp om livet hadde blitt borte.

Da hørte faren en dag om en mann ifra Galilea som hadde vist mirakler ved å vekke opp de døde, og helbrede forskjellige slags sykdommer. Et lys av håp begynte å skinne gjennom mannens fortvilelse. Hvis nyhetene var riktige, trodde faren at denne mannen fra Galilea kunne helbrede hans sønn også. På leting etter litt medgang, brakte faren sønnen sin til Jesus og sa til Ham, *"Men hvis du i det hele tatt kan gjøre noe, ta medlidenhet med oss og hjelp oss!"* (Markus' evangeliet 9:22)

Når Han hørte farens alvorlige ønske, sa Jesus, *"'Hvis du kan?' Alt er mulig for han som tror,"* (v. 23) og irettesatte faren for hvor liten tro han hadde. Faren hadde hørt om nyhetene, men hadde ikke trodd på det innerst inne i hans hjerte. Hvis faren hadde vært oppmerksom på at Jesus som Guds Sønn var allmektig og selve sannheten, ville han ikke ha sagt "hvis." For å kunne lære oss at det er umulig å tilfredsstille Gud uten tro og at det er umulig å motta svar uten å ha fullstendig tro hvor en kan tro, sa Jesus *"'Hvis du kan?'"* da han tilrettesatte faren for hvor "lite tro" han hadde.

Tro kan generelt bli delt opp i to. Ved "kjødets tro" eller "kunnskapens tro," kan en tro på det en ser. Troen hvor en kan tro på noe som man ikke kan se er "åndelig tro," "sann tro," "levende tro," eller "tro som er forbundet med gjerninger." Denne type tro kan lage noe ut av ingenting. Definisjonen av "tro" ifølge Bibelen er *"Men tro er full visshet av det som håpes, overbevisning om ting som ikke sees"* (Brevet til hebreerne 11:1).

Når mennesker lider av sykdommer som menneskene ikke kan helbrede, kan de bli helbredet ettersom deres sykdommer blir brendt av ilden til den Hellige Ånd når de viser deres tro og blir fyllt med den Hellige Ånd. Hvis en av troens nybegynnere blir syke, kan han bli helbredet når han åpner sitt hjerte, hører på Budskapet, og viser hans tro. Hvis en moden Kristen med tro blir syk, kan han bli helbredet når han snur seg bort ifra synden og går gjennom anger og omvendelse.

Når mennesker lider av sykdommer som ikke kan bli helbredet med den medisinske vitenskap, må de vise troen som følgelig er større. Hvis en moden Kristen med tro blir syk, vil han bli helbredet så fort han åpner hans hjerte, angrer ved å gi hans hjerte, og ofrer virkelige bønner. Hvis noen med liten eller ikke noen tro blir syk, vil han ikke bli helbredet til han har fått troen og ifølge hvor mye tro han har, da vil helbredelsen bli åpenbart.

De som er åndssvake, hvor kroppene er misdannet, og har arvede sykdommer kan bare bli helbredet av Guds mirakler De må derfor vise Gud hengivenhet og tro hvor de kan elske og tilfredstille Ham. Bare da kan Gud erkjenne deres tro og åpenbare helbredelse. Når mennesker viser deres ivrige tro til Gud – på samme måte som Bartimaeus virkelig kalte ut til Jesus (Markus' evangeliet 10:46-52), måten en centurion viste Jesus hans mektige tro (Matteus' evangeliet 8:5-13), og måten den invalide og hans fire venner viste deres tro og hengivenhet på (Markus' evangeliet 2:3-12) – vil Gud gi dem helbredelse.

Likeledes, siden mennesker som er besatte av demoner ikke kan bli helbredet uten Guds arbeide og ikke kan vise deres tro, for å kunne hente helbredelse ifra himmelen, må andre medlemmer fra familien deres tro på den allmektige Gud og komme til Ham.

2) Mennesker må ha den troslære som de kan tro på.

Sønnens far som lenge hadde vært besatt av demonen ble i begynnelsen tilrettesatt av Jesus for hans lille tro. Når Jesus sa med visshet, *"Alt er mulig for han som tror"* til mannen, (Markus' evangeliet 9:23) ga farens lepper en positiv tilståelse, *"Jeg tror."* Men hans tro var begrenset til kunnskap. Dette er hvorfor faren tigget Jesus, *"[Hjelp] mitt hederskap!"* (Markus' evangeliet 9:24) Når han hørte tiggingen fra faren, fra et alvorlig hjerte, virkelig bønn, og troen som Jesus kjente, ga Han faren den troslære som han nå kunne tro på.

På samme måte ved å rope på Gud kan vi motta troskap som vi kan tro på og med en slik tro, kan vi godt motta svar på våre problemer, og "det umulige" vil bli "mulig."

Så fort faren fikk troskapen som han kunne tro på, når Jesus befalte, *"Du målløse og døve ånd! Jeg byr deg: Far ut av ham og far aldri mere inn i ham,"* forlot den onde ånden sønnen med et skrik (Markus' evangeliet 9:25-27). I det farens lepper tigget etter troen som han kunne tro på og spurte etter Guds intervensjon – selv etter at Jesus hadde skarpt irettesatt ham – åpenbarte Jesus utrolig helbredelse. Jesus til og med svarte og ga en fullstendig helbredelse til sønnens far som hadde vært besatt av en ånd som hadde tatt fra ham taleevnen, og som hadde lidd av epilepsi slik at han ofte falt, skummet fra munnen, skjære tennene hans, og ble stiv. Derfor til de som lever etter Guds makt hvor alt er mulig og lever etter Hans Budskap, ville Han ikke gjøre så alt gikk godt og ledet dem til å leve i sunnhet?

Rett etter at Manmin ble grunnlagt, besøkte en ung mann fra Gang-won Området kirken etter at han hadde hørt nyhetene om den. Den unge mannen trodde at han tjente Gud trofast som en søndagsskole lærer og et medlem av koret. Men på grunn av at han var veldig stolt og ikke kastet vekk ondskapen i hans hjerte, men istedenfor holdt på synden, led den unge mannen etter at en demon hadde kommet inn i hans urene hjerte og begynte å tvile på det. Helbredelsens arbeide ble åpenbart på grunn av den ærlige bedingen og hans fars entusiasme. Etter at de hadde funnet ut identiteten til demonen og drevet den ut ved bønner, skummet den unge mannen ved munnen, kastet seg på ryggen, og utga en forferdelig lukt. Etter denne hendelsen, ble den unge mannens liv fornyet ettersom han utrustet seg selv med sannheten fra Manmin. Idag tjener han trofast hans kirke i Gang-won og gir lovprisning til Gud ved å dele skriftenes ære om hans helbredelse med mangfoldige mennesker.

Jeg håper du vil forstå at Guds omfang er ubegrenset og at alt er mulig med det, slik at når du søker etter ting i bønn vil du ikke bare bli Guds velsignede barn, men også Hans ærede engel som viser at alle ting går godt hele tiden, i vår Herres navn jeg ber!

7. Kapittel

Den Spedalske Na'amans Tro og Lydighet

Så kom Na'aman med sine hester
og sin vogn og holdt ved døren til Elisas hus.
Og Elisa sendte et bud ut til ham og lot si:
"Gå og bad deg sju ganger i Jordan!
Så skal ditt kjøtt bli friskt igjen, og du skal bli ren."
Da dro han ned og dukket seg sju ganger
i Jordan etter den Guds manns ord;
og hans kjøtt ble friskt som på en liten gutt,
og han ble ren.

Annen Kongebok 5:9-10; 14

1. Den Spedalskes Generalen Na'aman

I løpet av vår livstid, kommer vi opp mot store og små problemer. Til tider vil vi stå ansikt til ansikt med problemer som ligger utenfor menenskenes evner.

I et land som heter Aram nord for Israel, var det en kommandør i hæren som hette Na'aman. Han hadde ført Arams hær til seier i landets mest kritiske time. Na'aman elsket hans land og tjente trofast hans konge. Selv om kongen hadde høy respekt for Na'aman, var hærføreren lidende på grunn av en hemmelighet som ingen visste noe om.

Hva var grunnen til hans lidelse? Na'aman led ikke på grunn av mangel på rikdom eller berømmelse. Na'aman følte seg bedrøvet og fant ingen lykke i livet fordi han hadde spedalskhet, en uhelbredelig sykdom som medisinene på hans tid ikke kunne helbrede.

Under Na'amans tid, var mennesker som led av spedalskhet sett på som urene. De ble tvunget til å leve i isolasjon utenfor bygrensene. Na'amans lidelse var mye mere uutholdelig fordi, i tillegg til smerten, var det andre problemer som var forbundet med sykdomen. Symptomene med spedalskhet inkluderte flekker på kroppen, spesielt på ens ansikt, utenpå hans armer og ben, vristen av hans føtter, og likesom degenerering av hans følelser. I de verste tilfellene, øyebryn, fingernegler, og tånegler falt av og ens generelle utseende ville bli spøkelsesaktig.

Så en dag hørte Na'aman, som hadde fått den uhelbredelige sykdommen og som ikke kunne finne noen lykke i livet, om de gode nyhetene. Ifølge en ung jenteunge som hadde blitt tatt til fange fra Israel og som tjente hans kone, var det en profet i Samaria som kunne helbrede Na'aman av hans spedalskhet. For det var ikke noe han heller ville gjøre enn å motta helbredelse. Na'aman fortalte hans konge om sykdommen han hadde og hva han hadde hørt fra hans tjenestepike. Når han hørte at hans trofaste general ville bli helbredet av spedalskhet hvis han dro til en profet i Samaria, hjalp kongen ivrig Na'aman og til og med skrev et brev til kongen av Israel på Na'amans vegne.

Na'aman dro til Israel med ti sølv produkter, seks tusen guldpenger og ti set med klær og kongens brev, som sa, *"Og når dette brevet kommer til deg, så vil du se at jeg har sendt min tjener Na'aman til deg, forat du skal fri ham fra hans spedalskhet"* (v. 6). På den tiden var Aram en sterkere nasjon enn Israel. Når han leste brevet fra kongen av Aram, rev kongen av Israel istykker hans kappe og sa, *"Er jeg Gud? Hvorfor sender denne mannen noen til meg for at jeg skal helbrede ham fra spedalskhet? Se hvordan han prøver å provosere frem en krangel med meg!"* (v. 7)

Når Israels profet Elisa hørte denne nyheten, gikk han til kongen og sa, *"Hvorfor har du sønderrevet dine klær? La ham komme til meg! Så skal han kjenne at det er en profet i Israel"* (v. 8). Når kongen av Israel sendte Na'aman til Elisas hus, møtte ikke profeten generalen men sa bare gjennom en budbringer, *"Gå og bad deg sju ganger i Jordan! Så skal ditt kjøtt bli friskt igjen, og du skal bli ren"* (v. 10).

Hvor pinlig hadde det ikke ha måttet være for Na'aman,

som hadde gått med hans hester og vogner til Elisas' hus, bare ved å finne at profeten hverken ønsket ham velkommen eller ville møte ham? Generalen ble sint. Han hadde trodd at hvis en kommanderende ifra hæren i et land som var mektigere enn Israel hadde kommet på besøk, ville profeten ha ønsket ham hjertelig velkommen og lagt hans hender på ham. Istedenfor, fikk Na'aman en kald mottakelse fra profeten og ble fortalt at han måtte vaske seg i elven som var like liten og skitten som Jordan elven.

I sinne, tenkte Na'aman på å dra tilbake hjem, og sa, *"'Jeg tenkte at han ville komme ut til meg og stå foran meg og kalle på Herrens, sin Guds navn og føre sin hånd frem og tilbake over det syke sted og ta bort spedalskheten.' Er ikke elvene ved Damaskus, Abana og Parpar, bedre enn alle Israels vann? Kunne jeg ikke bade meg i dem og bli ren?"* (v. 11-12). Da han gjorde seg klar til hans hjemreise, tigget Na'amans' tjenere med ham. *"Min far, dersom profeten hadde pålagt deg noe svært, ville du ikke ha gjort det? Hvor meget mere når han bare sier til deg: 'Bad deg, så skal du bli ren'!"* (v. 13). De anbefalte deres Herre å adlyde Elisas' instrukser.

Hva skjedde når Na'aman dyppet seg selv i Jordan elven sju ganger, akkurat som Elisa hadde bedt ham om? Hans kjøtt ble like rent som en ung gutt. Spedalskheten som hadde gitt Na'aman så mye lidelse var fullstendig helbredet. Når en sykdom som menneskene ikke kunne helbrede hadde blitt fullstendig helbredet av Na'amans befaling av en av Guds menn, begynte generalen å erkjenne den levende Gud og Elisa, en av Guds menn.

Etter at han hadde erfart makten til den levende Gud – Gud som er helbrederen av spedalskhet – dro Na'aman tilbake til Elisa og tilsto, *"Når han vendte tilbake til den Guds mann med hele sitt følge, og da han kom dit, trådte han frem for ham og sa: 'Nå vet jeg at det ikke er noen Gud på hele jorden utenom i Israel; så ta nå imot en gave av din tjener.' Men han sa: 'Så sant HERREN lever, han hvis tjener jeg er: Jeg tar ikke imot noe.' Og han ba ham inntrengende om å ta imot, men han ville ikke. Da sa Na'aman: 'Siden du ikke vil, så la dog din tjener få så meget jord som et par mulesler kan bære! For din tjener vil ikke mere ofre brennoffer eller slaktoffer til andre Guder, men til HERREN alene,'"* og han lovpriset Gud (Annen Kongebok 5:15-17).

2. Na'amans Tro og Gjerninger

La oss nå undersøke troen og gjerningene til Na'aman, som møtte Gud Helbrederen og ble helbredet av en uhelbredelig sykdom.

1) Na'amans' Gode Samvittighet

Noen mennesker aksepterer og tror med en gang på andres ord mens andre på den annen side har det med å tvile og ha mistro til andre tilbetingelsesløst. For Na'aman hadde en god samvittighet, han tok ikke hensyn til andre menenskers ord, men velvillig aksepterte dem. Han kunne gå til Israel, adlyde Elisas' instruksjoner, og motta helbredelse fordi han ikke hadde vært likegyldighet, men la godt merke til og trodde på ordene til den unge piken som tjente hans kone. Når denne unge piken som hadde blitt tatt fange fra Israel sa til hans kone, *"Jeg skulle ønske at min Herre var med profeten som er i Samaria! Da ville han helbrede ham av hans spedalskhet,"* (v. 5) Na'aman trodde på henne. Tenk deg at du var i Na'amans stilling. Hva ville du ha gjort? Ville du ha akseptert hennes ord fullstendig?

Uansett utviklingen av den moderne vitenskapen idag, er det mange sykdommer hvor medisin er nytteløst. Hvis du fortalte andre at Gud hadde helbredet deg av en uhelbredelig sykdom eller at du har blitt helbredet etter at du mottok bønner, hvor mange mennesker tror du hadde trodd på deg? Na'aman trodde på ordene til den unge piken, gikk til kongen for tillatelse, dro til Israel, og mottok helbredelse fra hans spedalskhet. Med andre ord, fordi Na'aman hadde en god samvittighet, kunne han akseptere ordene til den unge piken når hun forkynte til ham og handlet deretter. Vi må også innse at når evangeliet har blitt forkynnet til oss, kan vi motta svar på våre problemer bare når vi tror på forkynnelsen og kommer til Gud på samme måte som Na'aman gjorde.

2) Na'aman Ble Kvitt Hans Tanker

Når Na'aman dro til Israel ved hjelp av hans konge og ankom huset til Elisa, profeten som kunne helbrede spedalskhet, fikk han en kald mottakelse. Han ble synlig veldig vred når Elisa, som i øynene til den hederske Na'aman ikke hadde noen berømmelse eller sosial anerkjennelse, ønsket ikke en av kong Arams trofaste tjenere velkommen, og fortalte Na'aman – gjennom en budbringer – å vaske seg selv i Jordan elven sju ganger. Na'aman ble veldig sint på grunn av at han hadde personlig blitt sendt av Arams konge. Elisa la heller ikke engang hånden hans på stedet, men fortalte istedenfor Na'aman at han kunne bli renset når han vasket seg selv i en elv som var like liten og skitten som Jordan elven.

Na'aman ble sint på Elisa og profetens handling, som han ikke selv kunne forstå. Han gjorde seg klar til hans hjemreise, og tenkte at det var mange andre store og rene elver i dette landet og at han ville bli renset hvis han vasket seg i en av dem. På det tidsppunktet, anbefalte Na'amans tjenere å adlyde Elisas' instruksjoner om å dyppe seg selv i Jordan elven.

Siden Na'aman hadde god samvittighet, valgte generalen å ikke handle i hans egne tanker, men valgte istedenfor å adlyde Elisas instruksjoner, og dro mot Jordan. Blandt folk med en samfunns stilling på likefot med den til Na'aman, hvor mange av dem ville ha angret og adlydet deres tjenere eller andre i en lavere stilling enn dem selv?

Som vi finner i Esaias 55:8-9, *"'For Mine tanker er ikke dine tanker, og deres veier er ikke Mine veier,' sier HERREN. 'Som himmelen er høyere enn jorden, således er mine veier høyere enn deres veier, og mine tanker høyere enn deres tanker,'"* når vi holder fast ved menneskenes tanker og teori, kan vi ikke adlyde Guds Ord. La oss huske slutten av Kong Saulus som hadde vært ulydig mot Gud. Når vi slår sammen menneskenes tanker og ikke adlyder Guds vilje, er dette en ulydighets handling, og hvis vi ikke erkjenner vår ulydighet, må vi huske på at Gud vil forlate og avvise oss på samme måte som Han forlot Kong Saulus.

Vi leser i Femte Samuels-bok 15:22-23, *"Da sa Samuel: 'Har vel HERREN like så meget behag i brennoffer og slaktoffer som i lydighet mot HERRENS Ord? Nei, lydighet er bedre enn slaktoffer, hørsomhet bedre enn fetter av værer. For gjenstridighet er ikke bedre enn trolldoms-synd, og trossighet er som avgudsdyrkelse. Fordi du har forkastet HERRENs ord, har Han forkastet deg, så du ikke skal være konge.'"* Na'aman tenkte nærmere om det og bestemte seg for å bli kvitt hans egne tanker og følge Elisas, en av Guds menns, instrukser.

På samme måte, må vi huske på at når vi kaster vekk vårt ulydige hjerte og omgjør dem til lydige hjerter ifølge Guds vilje, kan vi oppnå vårt hjertes ønsker.

3) Na'aman Adlød Profetens Ord

Na'aman fulgte Elisas' instrukser og dro ned til Jordan elven og vasket seg selv. Det var mange andre elver som var bredere og renere enn Jordan, men Elisas' instrukser om å dra til Jordan hadde en åndelig betydning. Jordan elven symboliserer frelse, mens vannet symboliserer Guds Ord som renser menneskenes synder og gjør det mulig for dem å nå frelsen. (Johannes' evangeliet 4:14). Det er derfor Elisa ville at Na'aman skulle vaske seg selv i Jordan elven som ville føre ham til frelse. Samme hvor mye større og renere de andre elvene ville være, ville de ikke føre menneskene til frelse, og ville ikke ha noe med Gud å gjøre, og derfor kunne ikke Gud bli avslørt i de vannene. Akkurat som Jesus forteller oss i Johannes' evangeliet 3:5, *"Sannelig, sannelig sier jeg deg: Uten at noen blir født av vann og Ånd, kan han ikke komme inn i Guds rike,"* ved å vaske seg selv i Jordan elven, har det blitt åpnet opp en vei for Na'aman til å motta tilgivelse for hans synder og frelse, og møte den levende Gud.

Hvorfor ble så Na'aman fortalt at han måtte vaske seg selv sju ganger? Nummeret "7" er et fullstendig nummer som symboliserer fullkommenhet. Ved å fortelle Na'aman at han måtte vaske seg selv sju ganger, ba Elisa generalen å motta tilgivelse for hans synder og oppholde seg helt og holdent etter Guds Ord. Bare da vil Gud som kan gjøre alt åpenbare helbredelsens arbeide og helbrede alle uhelbredelige sykdommer.

Derfor lærer vi at Na'aman mottok helbredelse for hans spedalskhet, hvor enten medisin eller menneskene var hjelpesløse, fordi han adlød ordet til profeten. På denne Skriften blir det klart og tydelig fortalt oss, *"For Guds ord er levende og kraftig og skarpere enn noe tveegget sverd og trenger igjennom, inntill det kløver sjel og ånd, ledemot og marg, og dømmer hjertets tanker og råd. Og ingen skapning er usynlig for hans åsyn, men alt er nakent og bart for hans øyne som vi har å gjøre med"* (Brevet til hebreerne 4:12-13).

Na'aman kom til Gud som ingenting er umulig for, kastet vekk hans egne tanker, angret, og gjorde som Gud sa. Akkurat som Na'aman dyppet seg selv sju ganger i Jordan elven, så Gud hans tro, helbredet ham av hans spedalskhet, og Na'amans hud ble helbredet og like ren som huden til en ung gutt. Ved å vise oss et rent bevis som vitner til at helbredelse av spedalskhet var mulig bare med Hans makt, forteller Gud oss at alle uhelbredelige sykdommer kan bli helbredet når vi tilfredtiller Han med vår tro sammen med våre gjerninger.

3. Na'aman Gir Ære til Gud

Etter at Na'aman var helbredet av hans spedalskhet, kom han tilbake til Elisa, tilsto, *"Nå vet jeg at det ikke er noen Gud i hele verden untatt Israel...din tjener vil aldri mere gi brennoffer og offringer til noen andre gud enn HERREN,"* (Annen Kongebok 5:15-17) og ga ære til Gud.

I Lukas' evangeliet 17:11-19 er det en scene hvor ti mennesker møter Jesus og blir helbredet av spedalskhet. Men bare en av dem kom tilbake til Jesus, lovpriset Gud i en høy stemme, og kastet seg selv for Jesus føtter og takket Ham. I Vers 17-18, spurte mannen Jesus, *"Ble ikke de ti renset? Hvor er da de ni? Fantes det ingen som vendte tilbake for å gi Gud ære uten denne fremmede?"* I det neste verset 19, fortalte Han så mannen, *"Stå opp og gå bort! Din tro har frelst deg."* Hvis vi mottar helbredelse fra Guds makt, må vi ikke bare gi ære til Gud, akseptere Jesus Kristus, og nå frelse, men vi må også leve ifølge Guds Ord.

Na'aman hadde troen og gjerningen som gjorde at han kunne

bli helbredet av spedalskhet, en uhelbredelig sykdom i hans tid. Han hadde en god samvittighet til å tro på ordet til den unge tjenestepiken som hadde blitt tatt til fange. Han hadde den type tro som gjorde istand en dyrbar gave til å besøke en profet. Han viste gjerningen om å adlyde selv om instruksene fra profeten Elisa ikke var i enighet med hans egne tanker.

Na'aman, en hedning, hadde en gang lidd av en uhelbredelig sykdom, men gjennom hans sykdom møtte han den levende Gud og erfarte helbredelsens arbeide. Alle og enhver som kommer til den allmektige Gud og som viser hans tro og gjerninger vil motta svar på alle hans problemer samme hvor vanskelige de måtte være.

Må du ha en fantastisk tro, vise den troen med dine gjerninger, motta svar på alle dine problemer i livet, og bli en velsignet engel som gir ære til Gud, i vår Herres navn jeg ber.

Forfatteren:
Dr. Jaerock Lee

Dr. Jaerock Lee var født i Muan, Jeonnam Provinsen, Republikken i Korea, i 1943. I tjueårene led Dr. Lee i sju år av mange forskjellige uhelbredelige sykdommer og ventet bare på å dø uten noe som helst håp om å bli bedre. Men en dag på våren 1974 ble han imidlertidig ført til kirken av hans søster, og når han knelte ned for å be, helbredet Gud alle hans sykdommer ham med det samme.

Fra dette øyeblikket hvor han hadde møtt den levende Gud gjennom denne vidunderlige erfaringen, har Dr. Lee elsket Gud med hele sitt hjerte og med all oppriktighet, og i 1978 ble han utpekt som Guds tjener. Han ba iherdig gjennom uttalige fastende bønner slik at han klart og tydelig kunne forstå Guds vilje, fullstendig fullføre den og adlyde Guds Ord. I 1982 startet han Manmin Sentral Kirken i Seoul, Korea, og her har det skjedd mangfoldige mirakuløse helbredelser, tegn og under.

I 1986 ble Dr. Lee presteviet ved den Årlige Forsamlingen til Jesus' Sungkyul Kirken i Korea, og fire år senere i 1990, begynte de å kringkaste gudstjenestene i Australia, Russland, og på Filippinene. Innen kort tid nådde de mange flere land gjennom Den Fjerne Østens Kringkastingsfirma, Asias Kringkastingsstasjon, og Washingtons Kristelige Radio System.

Tre år senere i 1993, ble Manmin Kirken valgt som en av "Verdens 50 Beste Kirker" av magasinet *'Christian World'* (US) og han mottok en Æret Guddommelig Doktorgrad fra 'Christian Faith College' i Florida, USA, og i 1996 fikk han en Doktorgrad i filosofi fra Menigheten fra 'Kingsway Theological Seminary' i Iowa, USA.

Siden 1993 har Dr. Lee vært i spissen av verdens evangelisering gjennom mange utenlandske kampanjer i Tanzania, Argentina, L.A., Baltimore, Hawaii, og New York City i USA, Uganda, Japan, Pakistan, Kenya, og Filippinene, Honduras, India, Russland, Tyskland, Peru, Den Demokratiske Republikk i Kongo, Israel og Estonia.

I 2002 ble han kaldt "verdens vekkelsespredikant" av store Kristelige aviser i Korea for hans mektige menigheter i de forskjellige utenlandske kampanjene. Hans New York Kampanje i 2006' som ble holdt i Madison

Square Garden, som er den mest berømte arenaen i verden, var veldig spesiell. Begivenheten ble kringkastet til 220 nasjoner, og i hans 'Israelske Samlede Kampanje i 2009' som ble holdt i det Internasjonale Konferanse Senteret i Jerusalem, proklamerte han modig at Jesus Kristus er Messias og Frelseren.

Hans gudstjeneste er kringkastet til 176 nasjoner via satelitter inkludert GCN TV og han ble satt som en av de 10 Mest Inflytelsesrike Kristelige Ledere i 2009 og 2010 av det Russiske populære Kristelige bladet *In Victory* og det nye firma *Christian Telegraph* for hans mektige TV kringkatings menighet og utenlandske kirkemenigheter.

Fra og med april 2017, har Manmin Sentral Kirke en menighet på mer enn 120,000 medlemmer. Det finnes 11,000 søster kirker rundt omkring i verden inkludert 56 kirker innenlands, og opp til nå har mer enn 102 misjonærer blitt sendt til 23 land, inkludert United States, Russland, Tyskland, Canada, Japan, Kina, Frankrike, Kenya, og mange flere.

Opp til datoen av denne utgivelsen har Dr. Lee skrevet 107 bøker, inkludert bestselgerene *Å Smake på Det Evige Livet Før Døden, Mitt Liv Min Tro I & II, Korsets Budskap, Troens Målestokk, Himmelen I & II, Helvete, Våkn Opp Israel,* og *Guds Makt.* Hans' arbeidet har blitt oversatt til mer enn 76 språk.

Hans Kristelige spalter står skrevet i *The Hankook Ilbo, The JoongAng Daily, The Chosun Ilbo, The Dong-A Ilbo, The Seoul Shinnum, The Hankyoreh Shinmun, The Kyunghyang Shinnum, The Korea Economic Daily, The Korea Herald, The Shisa News,* og *The Christian Press.*

Dr. Lee er for tiden lederen av mange misjonærorganisasjoner og forbund. Stillinger inkluderer: Formann, The United Holiness Church of Jesus Christ; Bestående President, The World Christianity Revival Mission Association; Grunnlegger & Viseformann, Global Christian Network (GCN); Grunnlegger & Viseformann, World Christian Doctors Network (WCDN); og Grunnlegger & Viseformann, Manmin International Seminary (MIS).

Andre prektige bøker fra den samme forfatteren

Himmelen I & II

Et detaljert utdrag av de forferdelig flotte omgivelsene som de himmelske innbyggerne nyter og vakker beskrivelse om forskjellige nivåer av de himmelske kongerikene.

Korsets Budskap

Et mektig og oppvekkende budskap for alle menneskene som sover åndelig! I denne boken vil du finne grunnen til at Jesus er den eneste Frelseren og Guds virkelige kjærlighet.

Helvete

Et oppriktig budskap til alle mennesker ifra Gud, som ikke ønsker at en eneste sjel skal falle inn i dypet av helvete! Du vil oppleve en beretning som aldri før har blitt avslørt om den grusomme virkeligheten til det Lavere Dødsrike og helvete.

Ånd, Sjel og Kropp I & II

En reisehåndbok som gir oss åndelig forståelse angående ånden, sjelen, og kroppen, og som hjelper oss å finne hva slags 'ego' vi har laget, slik at vi kan få makten til å seire over mørket og bli et åndelig menneske.

Troens Målestokk

Hva slags oppholdssted, kroner og belønninger blir forberedt for deg i himmelen? Denne boken gir deg visdom og veiledning slik at du kan måle din tro og kultivere den beste og mest modne troen.

Våkn Opp Israel

Hvorfor har Gud holdt øye med Israel helt fra verdens begynnelse og til denne dagen? Hva slags forsyn har Han forberedt for Israel de siste dagene, de som venter på Messias?

Mitt Liv, Min Tro I & II

Den vakreste åndelige duften fra livet som blomstret sammen med en uforlignelig kjærlighet for Gud, midt i de mørke bølgene, kalde åkene og de dypeste fortvilelsene.

Guds Makt

Dette er noe som en må lese og som gir oss en nødvendig veiledning hvor en kan ha sann tro og erfare Guds vidunderlige makt.

www.urimbooks.com

www.ingramcontent.com/pod-product-compliance
Lightning Source LLC
LaVergne TN
LVHW041710060526
838201LV00043B/656